NEW YORK

PAUL MORAND

NEW YORK

Préface
de Philippe SOLLERS

Bibliographie, chronologie
de Marc Dambre

GF Flammarion

On trouvera en fin de volume une bibliographie et une chronologie.

UN FRANÇAIS A NEW YORK

La vivacité de Morand est de nouveau parmi nous, on ne s'en plaindra pas. C'est tout de même étrange, ce sommeil ambiant. D'où vient-il ? Que veut-il ? Où va-t-il ? De la lenteur, encore de la lenteur, vers la lenteur. Une accélération pour rien, un ralentissement sans jouissance. On dirait un programme. C'en est un. Mais masqué. Personne n'irait l'appeler par son nom, l'éternel esprit de pesanteur, sans risquer d'être désigné comme fou, camé, *speedé*, et j'en passe. N'employez pas plusieurs mots à la fois. Évitez les reparties trop vives. Vous avez vos réflexes instantanés bien stéréotypés ? Votre bonne mauvaise pensée bien pesante ? Vous pouvez la montrer ? Il vaut mieux. Taisez-vous et rentrez chez vous. On vous filtrera les nouvelles.

Parfois, Morand semble écrire un peu n'importe quoi, c'est un surréaliste sec. Il est tout en mouvements, en raccourcis, cavalier surprenant et sûr. C'est l'art de la nouvelle, justement, lendemain de guerre, il s'en explique très bien dans sa préface de 1957 à *Ouvert la nuit.* « La nouvelle se porte bien ; elle est en train d'échapper aux périls où le roman est exposé (occupation du terrain par les écrivains philosophes, dissociation du moi, effondrement du sujet après celui

de l'objet). La nouvelle tient bon grâce à sa densité...
La nouvelle est une nacelle trop exiguë pour embarquer l'Homme : un révolté, oui, la Révolte, non. » Et
encore : « J'essaie de me revoir tel que j'étais en 1922,
au moment de mes premières nouvelles. Écrire me
paraissait la forme la plus naturelle de l'appétit, de la
jeunesse, de la santé... L'idée de durer littérairement
m'apparaissait négligeable, plus que négligeable, obscène ; la pudeur et l'élégance de l'époque exigeant des
adieux sans larmes à une civilisation moribonde. Un
simple faire-part. »

Partir, écrire directement, ne pas se préoccuper des
résultats, avoir la cible bien nette en tête, et une main
qui ne tremble pas : la forme s'ensuit, qui arrive à
destination quel que soit le contexte de l'agonie en
cours. La preuve, vous ouvrez ces livres, ils sont
immédiats : « Depuis trois soirs on la voyait. Elle était
seule, sauf pour les danses, qu'elle ne manquait pas,
mais avec le professeur ou des copines. » Ou : « Sur
cette côte abrupte, un bonheur plat commença. Un
bonheur sans téléphone. » Ou bien : « L'Orient-
Express traînait dans la nuit son public tri-hebdomadaire. Le même toujours. » Ou encore : « J'allais
voyager avec une dame. Déjà, une moitié d'elle
garnissait le compartiment. » L'attaque brève, le
développement par saccades (souvent jusqu'au procédé), le dialogue à la limite de l'absurdité, le saut
rapide au-delà de la description, la caméra faussement
négligée, la *chute*. Somnambules ou languissants,
s'abstenir. Tout est de la même encre, le merveilleux
1900, par exemple, qu'il faut relire en le transposant
aujourd'hui ; ou *Hiver Caraïbe* ; sans parler de la
mitrailleuse d'*Hécate et ses chiens*, récit au galop à
travers la perversion claquante, la phrase comme
voyage instantané (« un continent par jour, voilà notre

foulée »), sujet de la folie refoulante s'emballant dans
le temps (« J'étais de naissance, de tempérament et de
formation, huguenot. Bienséance, Convenance,
Décence, ces trois fées réformées me suivaient depuis
le berceau »). D'où un humour électrique, la diversité
des étonnements, le sang-froid des observations. Préfacé par Marcel Proust (comment ne pas en mourir ?),
le Diplomate contemporain de Claudel (comment
survivre aux dossiers ?), le Demi-exilé de Vevey (c'est
son côté Chaplin), l'Académicien (comble de ruse
historique) est là, devant vous, dans une jeunesse
éternelle, celle de la syntaxe et du coup de fouet
verbal. C'est sans doute le meilleur écrivain français
du XXe siècle, en retrait de Proust et de Céline, bien
sûr, — il a compris ses limites —, mais loin devant les
autres dont l'inutilité s'accroît chaque jour. Allons, au
trot. Pas une minute à perdre. Et puis, un écrivain
informé en vaudra toujours mille au moins. Tant pis
pour ceux qui croient que leur existence suivra leurs
fantasmes. On n'a qu'une vie. Elle est plus ou moins
vécue et panoramique. Moteur.

Donc : New York. A part le passage fameux de
Voyage au bout de la nuit, on ne peut pas dire que la
littérature française se soit illustrée dans cette dimen-
sion redoutable. Vous êtes à New York ou vous n'y
êtes pas. Un Français, en général, n'y est pas. Et pour
cause. Il sort de sa province, il lui est déjà difficile de
connaître Paris, il méprise Balzac, l'imprudent, il croit
que Proust appartient au passé copiable, son système
nerveux, abruti par l'enseignement ou la dépression
« moderne » instaurée en question de cours, tournera
un peu autour de Columbia ou de New York University... On sera gentil avec lui, il comprendra vite qu'il
n'a pas lieu, qu'il n'aura jamais lieu, — sans se rendre
compte que c'était déjà fini *au départ* et, sans aucun

doute, par sa faute. Il faut se débrouiller seul, à New York, sans papiers, sans garantie, sans réseau de soutien autre que factice. N'attendre rien, aucune reconnaissance, travailler pour soi. Tu n'es pas plus démuni, après tout, qu'un des dinosaures américains arrivant à Paris dans les années 20. Problème de concentration physique. Tu verras plus tard, little French, à bientôt.

Morand a vite vu, compris, dessiné la situation. Le livre est publié en 1930, moment du grand tournant : économique, technique, géopolitique. Il est un des seuls Européens à saisir l'événement. D'où sa tentative de le maîtriser, dans un livre qui est à la fois un essai de mythologie, une prophétie nerveuse, un guide touristique, un reportage, un traité d'ethnologie, une longue nouvelle. Le New York de Morand est un peu comme le Londres du *Pont de Londres* de Céline. Que ne sont-ils restés tous les deux de l'autre côté du Channel ou de l'Atlantique au lieu de se mêler à l'explosion du Vieux Continent ! Une tout autre histoire de la littérature aurait pu se dérouler alors. Replantons un instant le décor : l'entre-deux-guerre, le fascisme et le stalinisme, les deux pôles d'attraction que sont, pour les intellectuels et les écrivains, Berlin et Moscou... Ces deux dernières villes n'étant d'ailleurs (Morand *dixit*) que des « New York ratés », — jugement d'une lucidité singulière au moment où la boussole s'affole... Mais il va être trop tard : l'idéologie a frappé, l'horizon philosophique de propagande d'un côté, la maladie raciste et antisémite de l'autre (dont on va trouver les traces révélatrices même dans ce volume en apparence si « détaché »). Céline va s'enfoncer dans la malédiction de ses *Bagatelles* qui l'entraîneront de l'Allemagne jusqu'au Danemark. Elle sera loin, la fée Virginie du *Pont* ! La féerie des

parcs ! Le rythme gratuit à rouler de rire ! Quant à
Morand, il sera, lui aussi, du « mauvais côté », — et
nous serons obligés, nous, citoyens moraux, de subir
l'emphase pseudo-métaphysique de Saint-John Perse
ou de Char, les romans surfaits d'Aragon, les pièces
bétonneuses de Sartre, la prose compassée de Camus.
Le manichéisme à bascule prendra possession de
l'appréciation du langage : Droite/Gauche ça dure
encore. Marche titubante et ruineuse, chacun les
siens, je ne vous parle pas, je ne vous lis pas. Il est à
craindre que le siècle finisse sur ce Une/Deux ! —
tournant de la tragédie à la farce. La critique littéraire
est devenue leçon de civisme et nous aurons de plus en
plus de bouffons politiques sinistres par refus de
penser l'au-delà du goût. Tant pis. S'il n'y a plus
qu'un lecteur, lecteur, vous serez celui-là, n'est-ce
pas ? Vous emporterez bien quelques livres avec vous
pour voir, à l'usage, loin des demandes de vote et de
pétition, ce qui *tient le coup ?* D'autant plus que le
problème, aujourd'hui, n'est plus l'émergence de New
York : New York est, en un sens, partout et nulle
part. A Tokyo, à Rio, à Mexico, demain à Pékin (j'ai
rêvé au Pékin de 2050 dans la Cité Interdite)... Et c'est
ainsi que resurgit la vieille Europe et, en premier lieu,
Paris. Si on écrit encore des livres — mais oui —, ils
porteront la cicatrice de ce bouclage géant, chaotique,
en même temps que d'un bizarre retour au calme,
comme si rien ne s'était passé. Il ne se passe jamais
rien, d'ailleurs. Sauf que ce rien va à toute allure.
Voyez Proust soucieux, dans *Le Temps retrouvé*, de
mettre *La Recherche* dans la perspective bouleversée
de la Première Guerre mondiale : bombardements,
uniformes, hôtel de passe nouveau, éclatement au
grand jour de l'homosexualité générale (comme si la
mort de masse la révélait), décomposition accélérée
des personnages, recomposition des intérêts dans

l'amnésie, selon les mêmes actes d'aimantation secrets... Et Céline, dans *Maudits soupirs pour une autre fois*, vïrtuosité poignante du concert verbal, à Montmartre, sous de nouvelles bombes... Chassé-croisé avec les Américains? Hemingway à Cuba, Pound à l'asile, Faulkner replié au Sud... Montparnasse, New York... Artaud du Mexique à l'Irlande, puis à Rodez... L'histoire des migrations littéraires reste à faire, il nous manque la vue du Temps déplacé.

On sent bien l'ambition de Morand, dès les premières lignes. Reprendre le récit là où Chateaubriand l'a laissé... « Silence. Les dernières vagues atlantiques se jettent sur une pointe de rochers bruns pourpres et s'y déchirent »... Nous entrons dans une superproduction. Il faut être à la mesure de l'audiovisuel qui s'annonce. Et pour régler ce New York déjà énorme, incontrôlable, le mieux est d'en raconter la naissance misérable, hasardeuse, locale. Pour comprendre, comme magiquement, son expansion et son évolution foudroyante, on en récite l'origine mythique. Construction simple, la ville s'y prête : en bas, au milieu, en haut. J'ai habité chacune de ces trois villes dans la ville : les quais de l'Hudson et leurs soirs rouges; la 28e Rue et son air d'Europe; Morningside Drive et les mouettes planant sur Harlem... Le grand changement (j'arrive là en 1976), c'est que j'ai connu une ville « apaisée », enfin victorieuse de la planète, en train de s'arrêter pour se contempler. L'élégant *World Trade Center* est maintenant là pour longtemps, en pointe. Plus de frénésie comme dans les années 50 et 60 (« tu arrives trop tard, ça repart dans l'autre sens », me dit une amie dans l'avion). New York est en plein vol, la bonne technique, pour un insecte humain, est de s'y glisser sans bruit, de prendre sa distance intérieure, de rester chez soi, d'écouter en profondeur. Petit appartement anglais de Jane Street, dans le Village, je pense à toi... Aux terrasses du vingtième étage bourrées d'antennes... Confort des fauteuils de cuir, soleil violent dans les plantes vertes, c'est là que j'ai écrit, dans une solitude quasi totale, la plus grande partie de mon *Paradis*... Je finissais par sortir, je prenais des taxis en tous sens, j'allais dormir au début de l'après-midi sur les quais de planches où passaient des hallucinés du jogging, éclat de l'Été indien à New York, je rentrais tard, télévision de nuit, marges espagnoles, une seule réalité : le dollar et l'espace ouvert, sans limite. Il y a désormais un New York définitif, électronique, sans grand intérêt, sauf pour une aventure intime. Le Français ne l'a pas encore compris : il arrive, coincé ; personne ne fait attention à lui, il disparaît ou s'enrhume. Il s'ennuie. Et pourtant rien de grave puisque, précisément, il ne se passe rien. Le rien scintillant de New York est le programme de la Terre. Le Messie est venu, il s'appelle régulation technique. Ce n'est pas possible ! Le Temps doit aller quelque part ! Mais non. La bombe a explosé de l'intérieur : répétition, annulation incessante de tout par tout. Débrouillez-vous avec cette apocalypse tranquille.

Tranquille *à présent*, c'est-à-dire qui a digéré la violence qui l'a constituée et continue, mais invisible, de la nourrir. Morand tente bien de s'appuyer sur Whitman et ses visions, il essaie de penser que, comme New York a eu un début, il pourrait avoir une fin... C'est le moment où, séduit, il doute, il rêve d'un effondrement possible... Mais il sait qu'il n'en sera rien : « New York est ce que seront demain toutes les villes, géométrique. Simplification des lignes, des idées, des sentiments, règne du direct. » Si l'on cherche la complexité et la complicité en dehors de

soi, alors, en effet, c'est terrible. Le collectif est réduit
à sa plus simple expression, dissous. Attendre quoi
que ce soit des autres, et on est effacé sur place. Mais
quelle liberté, justement! Quelle chance de médita-
tion! Mieux que dans un désert, bien sûr. L'hallucina-
tion, ici, est vaincue par tous les moyens et « la
grande ville est le seul refuge contre l'intolérance,
l'inquisition puritaine »... Les États-Unis, sans cette
grosse pomme de New York, seraient (et sont le plus
souvent) un pays de plomb religieux. Il fallait une
formidable mécanique pour user toutes les contra-
dictions, les croyances, les velléités régressives, —
les phénomènes, quoi. C'est fait. L'intérêt du
« Morand » est d'enregistrer le moment exact où c'est
en train de se faire. Les gratte-ciel : « ils s'affirment
verticalement comme des nombres, et leurs fenêtres
les suivent horizontalement comme des zéros carrés,
et les multiplient... La rage des tempêtes atlantiques
en tord souvent le cadre d'acier, mais, par la flexibilité
de leur armature, par leur maigreur ascétique, ils
résistent... Aveuglé par l'Atlantique ensoleillé, je me
trouve en plein ciel, à une hauteur telle qu'il me
semble que je devrais voir l'Europe ; le vent me gifle,
s'acharne sur mes vêtements ; près de moi des amoureux s'embrassent, des Japonais rient, des Allemands
achètent des vues ; comment décrire de si haut cette
métropole en réduction, c'est de la topographie, de la
triangulation, non de la littérature ». Mais si, c'est
encore de la littérature, la preuve. Depuis le « vieil
océan aux vagues de cristal » de Lautréamont, ou les
Ponts des *Illuminations* de Rimbaud, les phrases se
poursuivent, roulent, se pressent. Il vaut mieux ne pas
avoir le vertige, Morand ne l'a pas. Sa prose, éprouvée
par la nuit voyageuse, résiste, elle aussi : « Les gratte-
ciel s'élèvent, sur une ligne, pareils à des lamaseries
dans un Lhassa inexpugnable »... Broadway, la Cin-

quième Avenue, la Bourse, la Presse : il note bien la nouveauté spatiale et temporelle de la circulation de l'argent et de l'information (qualité essentielle pour un écrivain), son projet de réseau mondial, sa vitesse, ses volumes. « En quelques secondes, j'apprends que dans cette journée où, pour moi, il s'est passé si peu de chose, le quatre-mâts *Lucifer* a été coulé, que le premier prix d'Exposition d'horticulture cubaine a été donné à une plante cobra, que le sénateur Lafolette est champion de bridge de Miami et que les Musulmans se sont révoltés, il y a trois heures, aux Indes. » Rien de bien différent aujourd'hui où, allongé sur son lit, jetant un coup d'œil de temps en temps sur l'écran rose, un habitant peut, avec *Reuter News*, lire en lettres blanches tous les télex, suivre en bleu, en haut, le cours des monnaies en fonction du dollar, et en bas, en vert, les prévisions météo (*cloudy !*). Le tout sur fond de musique classique : par exemple (ça m'est arrivé) *Le Prélude à l'après-midi d'un faune,* de Debussy. La discothèque compacte universelle rythmant les événements, quoi de mieux ? Une catastrophe aérienne ou une guerre changent évidemment un peu de couleur selon qu'il s'agit de Vivaldi ou de Wagner, mais qu'importe ? Vous êtes mort depuis longtemps vous-même, et tout le monde avec vous. Vous n'avez qu'à profiter de ce surplus de perception accordé au temps atomique. Si vous mettez le nez dehors, l'Océan vous rappellera que vous êtes en vie, mais dans d'étroites limites physiques, dans un espace hyper-dilaté. Le *climat* de New York, d'un extrême à l'autre, froid coupant et enthousiasmant, chaud accablant et tuant, c'est le rappel de la relativité générale. L'Atlantique a raison depuis toujours, c'est bien mon avis. Et puis, en été, Long Island est tout près, on part le Vendredi soir pour Southampton, Easthampton... Week-end à Bellport... Langoustes, glaces, champagne... « Toute élite qui arrive au luxe aboutit au français. » Est-ce encore vrai ? Mais oui, courage. Malgré les vins californiens, les bordeaux gardent leurs positions. Et ils les garderont, malgré les attaques que l'on sent violemment intéressées, jalouses... Le fait de ne mettre en avant, à New York, que des écrivains ou des artistes français cafouilleux, timides (« il ne se passe rien en France ») fait partie de ce complexe profond, durable, alerté... Du bon français ? En voici encore, du côté de Washington Square : « Je retrouve les maisons rouges du square, à portes et à volets verts ; le soleil de l'après-midi les gaine, comme des meubles de l'époque, d'un velours magenta. » Un *vrai* café, au *Reggio*, en l'honneur de Morand, pour le mot *magenta* !

Ce que Morand perçoit, ne voit qu'en partie — ne peut pas discerner complètement —, c'est la nouveauté fantastique de New York quant au réglage des populations qui l'irriguent, la grande expérience d'intégration et de mixité ethnique dont l'Europe — et singulièrement la France — hésite encore à tirer la leçon. Leçon pourtant irréversible. Et c'est ainsi que ce *New York* comporte des passages hautement symptomatiques dès qu'il s'agit des Juifs ou des Noirs. De même que l'Affaire Dreyfus date la *Recherche du Temps perdu*, et *Bagatelles*, Céline ; de même les réflexions que l'on trouve ici, en 1930, prouveraient, s'il en était besoin, à quel point ce « thème » est celui du XXe siècle, au même titre, diront les historiens de l'avenir, que le nihilisme quotidien, l'homosexualité ou la drogue, sans parler, vers la fin, des greffes, du sida, de la procréation artificielle et de ses répercussions biologiques, éthiques et pathétiques. Rien ne sert de s'indigner, il faut rire à temps. Mais ce n'est pas sans malaise (malaise par rapport à Morand qu'on aurait pu croire, à tort, plus en éveil par anticipation) que l'on lit la description de « cette population grouillante, crasseuse, prolifique et sordide... Un immense folklore local, dans le théâtre yiddish américain comme dans le roman, ressasse à l'infini la scène du vieux père, inassimilable et botté, avec ses rouflaquettes grasses s'échappant de son melon verdâtre, le Talmud sous son châle de prières, maudissant en russe ses enfants devenus américains, qui ne le comprennent plus ». Ou encore : « Il est neuf heures du soir. A cette heure-ci où sont les Juifs ?... Ces publics, femmes en cheveux, hommes sans cols, cheveux crêpus, yeux éclatants, bouches charnues, teints livides, me transportent soudain dans les théâtres actuels de Moscou : pas une retouche à faire, rien à changer... » Rien à changer, en effet, à la bonne vieille perception antisémite du monde, dont les Français se seront faits (point à élucider) une spécialité nationale, au point de pousser littérairement le genre jusqu'à ses extrêmes. Visite à un journal : « J'arrivai enfin au bureau du directeur. M. Ochs ressemble un peu à Lord Rothschild et un peu à Max Jacob. M. Ochs m'expliqua d'abord, avant de m'avoir fait asseoir, que les Juifs sont une grande race. Ensuite, il me mena à la fenêtre... » Ou encore : « Ici tout est bon marché, clinquant et camelote, sauf les boutiques d'objets religieux : quand il s'agit d'acheter un Talmud, un chandelier de cuivre, un châle, un calendrier rituels, rien n'est trop cher. Une odeur de saumure et de bottes graissées couvre tout. *Jesus saves !* s'exclament les affiches de l'Armée du Salut. A d'autres ! Au-dessus de cette foule pauvre, mais qu'on devine parfaitement satisfaite de son sort, étincelle un mot magique, qui domine tout : " DIAMANTS ". »

Une fois de plus, nous sommes en 1930, mais cette « couleur » se passe de commentaires. Morand, déci-

dément, n'était pas grand lecteur de la Bible[1]. Nous
sommes habitués à ces dérapages, on les trouve, plus
ou moins marqués, à peu près partout, et on devrait
plutôt se demander pourquoi le terme de « révision-
niste », qui a été une scie de la langue de bois
communiste, s'est d'abord appliqué aux dreyfusards
pour désigner maintenant les pseudo-historiens attachés à nier le génocide des Juifs par les nazis. Morand
antisémite ? Sans plus, en passant, de façon paterna-
liste. On a vu pire. Là où nous sursautons encore,
c'est en arrivant à Harlem : « Le wagon [du métro]
s'est changé en un wagon de nègres ! Suspendus aux
poignées de cuir par une longue main noire et
crochue, mâchant leur gomme, ils font penser aux
grands singes du Gabon. » Non, mais ! L'angoisse du
crochu : traité à faire. Je repense, moi, à mes nuits au
Sweet Basil sur la Septième Avenue : si un groupe
humain, hommes et femmes, pouvait incarner l'élégance immédiate, c'était bien la population noire.
Résumons : une bonne Bible (j'ai toujours celle à
couverture de cuir vert sombre que j'ai achetée là-
bas), et le jazz : deux tests, deux façons d'éviter
l'erreur. Et pas l'une sans l'autre (et réciproquement).
D'ailleurs, Morand serait sans doute surpris : il a écrit
cela en courant, sans acrimonie particulière, sans
haine. Sauf que ce sont des stéréotypes et qu'un
écrivain, en principe, ne devrait pas s'en permettre un
(ou alors, mis en abîme). Poids des conversations et

---

1. Pas catholique non plus, comme en témoigne sa mort à
l'ombre de la foi orthodoxe, « vers quoi Venise m'a conduit, une
religion par bonheur immobile, qui parle encore le premier langage
des Évangiles » (*Venises*). Comme quoi il est difficile de *voir*
l'éclatante Venise de la Contre-Réforme (Proust lui-même trouve *La
Salute* sans intérêt en soi). Proust : « J'aurais aimé vivre comme
Morand. »

des imprégnations collectives. Autant on peut admirer qu'un individu puisse dire à ce moment-là, au milieu de tant de délires : « Je crois que les forces spirituelles de l'humanité ne sont pas l'apanage d'un pays ou d'une race, mais de quelques hommes, de toutes origines, réfugiés sur un bateau qui fait eau : là où la coque me semble encore la plus solide, c'est aux États-Unis » (Mussolini et Staline sont déjà là ; Hitler arrive), autant on peut s'étonner qu'il se contredise aussitôt : « Nous pensons à New York avec orgueil... C'est nous, race aryenne, qui avons fait cela ! »... Étrange, puisqu'il écrit aussi : « L'Europe, cette mère, a envoyé à New York, au cours de l'histoire, les enfants qu'elle désirait punir : d'être huguenots, quakers, pauvres, Juifs ou simplement des cadets. Elle a cru les enfermer dans un cabinet noir, et c'était l'armoire aux confitures ; aujourd'hui ces enfants sont gros : ils sont le centre de l'univers »... Dont acte ? Sur le fond ?

New York n'était pas prévu au programme religieux et philosophique : le phénomène a eu lieu quand même, et on pourrait faire l'histoire du xxe siècle en montrant que c'est de ne pas vouloir le savoir que la folie a gagné des individus et des continents entiers. Répétons-le : Morand est presque seul, parmi les Européens lucides. J'aime ce paragraphe parce qu'il dit bien l'explosion comme le déracinement général de l'époque : « New York est surchargé d'électricité. On se déshabille la nuit au milieu des étincelles, qui vous crépitent sur le corps, comme une vermine mauve. Si l'on touche un bouton de porte, un téléphone, après avoir frôlé le tapis, c'est une décharge ; on a des éclairs bleus au bout des doigts... " Je vous serre la main à distance, m'écrivait Claudel de Washington, heureux de vous éviter une commotion. " » On comprend que

Morand fasse de la *Batterie* son centre d'exploration.
Mais New York, aujourd'hui, est moins nerveux que
Paris, c'est plutôt une ville douce, spacieuse, taxis
jaunes qui s'arrêtent, libres, dès qu'on lève le bras, je
me suis demandé cent fois si j'allais décider de vivre en
partie là-bas, New York, Paris, l'Italie, triangle fonda-
mental. Contrairement à ce que pensent ceux qui, des
deux côtés de l'Atlantique, auront toujours dix ou
vingt ans de retard, c'est New York maintenant, qui
redevient peu à peu la province, immense et technique, soit, mais appelant le séjour, la villégiature, le
repos. Regardez Morand : il est tout le temps *dehors*, il
ne rentre que pour sortir, il découvre un espace privé
d'intériorité, vaporisé, projeté en l'air. Mais on peut à
présent passer des jours enfermé, monter sur les toits
et les terrasses s'il fait trop chaud, écouter le silence
poudroyant de la ville, suivre la course immobile du
soleil qui a l'air de ne jamais se coucher — hauteur du
ciel qui, à Paris, « pèse comme un couvercle », vent
tordu comme un mauvais linge du *bassin parisien* —,
se retirer chez soi, donc, avec l'Océan et une bonne
bibliothèque comme sauvée des eaux. Le confort de
New York est monumental : rien ne semble le mena-
cer. Davantage de temps, loin de tout, pour regarder
la peinture. A la Frick Collection, par exemple, où
tout à coup, un jour de novembre, j'ai vu comme pour
la première fois, Fragonard, les panneaux de Louve-
ciennes refusés par Madame du Barry à qui, par leur
liberté de mouvement, ils donnaient sans doute le
vertige. Craignant de perdre la tête en regardant ces
peintures sur ses murs, elle l'a perdue tout à fait, plus
tard. Fragonard ou Robespierre : il fallait choisir.
« New York sera le centre de l'Occident, le refuge de
la culture occidentale », dit à Morand un de ses
interlocuteurs. Il y a, en tout cas, beaucoup de xviii[e]
français à New York, dans les collections privées. La

fable de l'art moderne, c'est pour l'extérieur : tout en
haut, on stocke Louis XV. Madame Bartholdi, en
statue de la Liberté, nous prévient de ne pas accorder
trop de crédit au kitsch ambiant. Déesse du kitsch,
oui, elle l'est, mais sans conséquences. Il y a plusieurs
marchés concentriques ou parallèles, et les valeurs,
quand il le faut, sont exactement pesées. « New York,
écrit Morand, va avoir bientôt son musée d'art
moderne »... Prestigieux MOMA, mais qui, lui aussi,
semble aujourd'hui saturé, comme s'il avait pleine-
ment rempli sa mission historique. Le *point de retour*
— avec toutes ses répercussions visibles et invisibles
— porte un nom : *Guernica*. Picasso et Matisse ont
déclenché la peinture américaine (Pollock, De Koo-
ning, Rothko), mais cette dernière est-elle allée plus
« loin » qu'eux ? Eh non, tout le monde le sait, mais
c'est une vérité qui blesse le grand fantasme new-
yorkais : table rase et nouveau calendrier à partir de
1939. Maintenant, *Guernica*, à Madrid, surplombe le
Prado, et il s'agit là d'une des plus étonnantes victoires
de l'art sur la guerre, la politique, l'idéologie, la
démence humaine. Il ne reste plus au MOMA que cet
autre symbole capital du renouvellement des formes :
Les Demoiselles d'Avignon (que je suis allé voir presque
tous les jours pendant trois mois). Qu'elles reviennent, elles aussi en Europe, les Demoiselles, et le tour
sera joué. Le tour du monde, enfin, de la petite
planète où nous sommes. Le musée Picasso à Paris ?
C'est la *limite* même de New York (où d'ailleurs,
Picasso, pas plus que Joyce, n'a jamais mis les pieds).
Un coup dur pour la fondation de la nouvelle ère... Le
calendrier grégorien reste ce qu'il est : inamovible
malgré la Révolution et les Nouveaux Mondes. Fragonard, Picasso : deux boussoles pour le civilisé anesthé-
sié par les proclamations futures, futuristes, futuri-
santes. Les mousquetaires ironiques du dernier

Picasso ? La chapelle de Matisse à Vence [1] ? Deux défis
conscients à l'art « moderne ». Une désorientation
exorciste et volontaire du Temps.

L'épopée de New York est donc terminée : elle aura
signifié, dans un pli de l'histoire voué à la mort, une
volonté de vie, de survie, d'invention sans précédent
et probablement sans suite. Ce qui va avoir lieu, on le
pressent : un *réglage* tous azimuts par rapport à cette
surrection dans un naufrage quasi général. Une mise
au point longue, lente, patiente, pleine de conflits, de
freinages, de régressions transitoires. En ce sens, oui,
le « calendrier » a changé. Jérusalem est là, ce qui ne
veut pas dire pour autant la fin de Rome. L'Islam
sortira-t-il du Moyen Age sans destructions inouïes ?
Les Chinois, comme les Japonais, viendront-ils de
plus en plus nombreux voir l'*Olympia* de Manet à
Paris ? On l'imagine. On l'espère. On écrit dans ce
sens. En attendant, New York restera pour longtemps
en avance sur le mouvement horloger planétaire. C'est
en dollars que nous pensons, plus ou moins consciem-
ment. La vie suit son cours, qui n'est rien d'autre que
la démonstration complexe et permanente de l'échec
des exclusions, des refoulements, des volontés de ne
pas savoir. L'exclu prospère de l'injustice dont il a été
l'objet (à grandes injustices, grandes victoires); le
refoulé fait forcément retour, *c'est une loi;* la volonté
de ne pas savoir se fissure, est obligée d'abandonner
une forme de censure pour en inventer une autre. On

---

1. Pour l'étude de la chapelle de Vence comme « synthèse » de
l'œuvre de Matisse, voir : Marcelin Pleynet, *Henri Matisse* (La
Manufacture, 1988). Matisse est allé à New York en 1930 : « C'est
une lumière excessivement picturale comme la lumière des ciels des
Primitifs italiens. » (Entretien avec Tériade, *L'Intransigeant,* octobre 1930).

ne « lève » pas le refoulement, mais il se déplace, c'est
ce que semble dire, en même temps que le vieux
Viennois, l'aventure appelée New York. Morand
écrit : « Rien ne peut détruire Paris, nef indestructi-
ble. Paris existe en moi : il existera malgré Dieu,
comme la raison. » Comme si « Dieu » n'était pas, *tous
comptes faits*, la raison même ! Ce doit être pour ça
qu'il semble monopoliser, périodiquement, toutes les
folies. La raison a son dieu que Dieu et la Raison
ignorent. New York paraissait déraisonnable, une
crise urbaine sans lendemain, au moment où l'Europe
allait s'engager dans un énorme suicide collectif ?
Simple pulsion anticipatrice, vases communicants,
thermodynamique secrète. Il fallait drainer, sauver,
entreposer, surgreffer et multiplier un résultat encom-
bré de deux siècles, pour pouvoir passer à la spirale
suivante, celle qui nous attend.

Je peux donc rêver qu'ils sont tous embarqués
ensemble et réunis pour une soirée là-bas : Proust,
Picasso, Céline, Matisse, Claudel, Morand, Giaco-
metti, Artaud, Breton, Drieu, Aragon, Bataille...
Certains ne veulent pas se parler ? Mais si, voyons, le
vaisseau est déjà au large, la traversée sera longue. On
a laissé en deuxième classe les savants et les profes-
seurs, les différents philosophes montés en première à
la faveur des destructions de la guerre. Pas de
journalistes. Ni radios ni télévisions. Entrent maintenant dans le bar immense : Joyce, Pound, Kafka,
Faulkner, Hemingway, Borges, Nabokov. Il y a plein
d'hôtesses ravissantes. La grosse dame, dans un coin,
que Picasso crayonne d'un trait sec et cruel, c'est
Gertrude Stein sur qui se penche le spectre noyé de
Virginia Woolf. Le *Midnight :* c'est ainsi que s'appelle
le restaurant du *2003*, lointain successeur du *Demi-
Lune* hollandais commandé par l'Anglais Hudson,

nouveau *Titanic* inter-galactique en train de revenir
vers l'Europe. Le personnel est impeccable : sévère
maître d'hôtel (Samuel Beckett), chef de rang farceur
(Alain Robbe-Grillet), sommelier réservé (Claude
Simon), vestiaire méditatif (Michel Butor), liftier
imperturbable (Robert Pinget), dame de compagnie
charmante (Nathalie Sarraute), caissière impériale
(Marguerite Duras). Ils ont tous été recyclés et
entraînés au *Lindon's Club* par un steward *native*, Tom
Bishop, ex-correspondant du petit noyau dur Verdu-
rin. Il est déjà question de former des garçons plus
jeunes, bien décidés à marquer leur place le plus vite
possible, comme au grand hôtel de Balbec. Tiens,
voilà Milan Kundera avec Philip Roth. Et Thomas
Bernhard, qui a l'air irrité contre Samuel Beckett.
Peter Handke voudrait bien, timidement, échanger
quelques mots avec Marcel Proust, mais ce dernier
(incontestable vedette de la soirée) écoute, sans réagir,
une improvisation hilarante de Kafka. Personne ne
paraît vouloir adresser la parole à Céline, je m'en
chargerai donc, bien que j'aie plusieurs questions de la
plus haute importance théologique à poser à Joyce
(Proust, lui, m'a donné rendez-vous pour un entretien
approfondi et chaste, dans sa cabine, « plus tard »).
Le pauvre Joyce semble d'ailleurs coincé par les
Latino-américains, les Africains et les Japonais. Je
tente de me frayer un chemin, au milieu des invités
de plus en plus nombreux, dont je ne peux pas citer
tous les noms (noms d'ailleurs aboyés sur le seuil
par un solide huissier suédois dont le sobriquet, me
dit-on, est « Nobel »). Au passage, quand même, je
félicite Morand pour son *New York* d'autrefois.
« Je n'osais pas, me répond-il avec sa courtoisie
légendaire et chinoise, non, je n'osais pas rêver cet
encens. »

Dix-huit heures quinze : les mouettes crient, les cloches sonnent de partout dans le ciel rouge, au-dessus de l'eau-mercure bouillonnante. Je pense à la Cinquième Avenue où il est maintenant midi et quart : je marche vite, là-bas, dans le vent coupant, je monte déjeuner au *666*, en face de Saint Patrick. Ici, en revanche, pendant que je bois mon whisky, le *Diamond*, bleu et noir, de Panama, l'*Orpheus* blanc, d'Athènes, entrent lentement au port. Les messes recueillies du soir commencent à Saint-Marc, à la Salute, au Redentore, à San Moise, à Santa Maria del Giglio, aux Gesuati, dans l'ombre glissante. Nous avons droit au présent perpétuel. C'est le moment qui nous vient.

Venise, septembre 1987

Philippe SOLLERS

NEW YORK

I

LA VILLE BASSE

Silence.

Les dernières vagues atlantiques se jettent sur une pointe de rochers brun pourpre et s'y déchirent.

Un cri de mouette.

De chaque côté du promontoire, la marée gonfle et remonte les estuaires. A droite, la nuit commence à cacher les collines. A gauche, descend un soleil jaune soufre.

L'Amérique est grande, déjà. D'une grandeur anonyme, d'une immensité sidérale. Immobiles, repliés sur eux-mêmes comme un germe, ces lieux qui seront New York attendent de naître.

La lune se lève. Elle éclaire sans agrément des solitudes où il ne se passe rien depuis des millions d'années...

Silence de commencement du monde. Mer vide, sans une voile. Les voiles s'en vont plus au nord, vers l'Amérique française ou anglaise, plus au sud, vers l'Amérique suédoise ou espagnole. Jamais elles ne s'abaissent ici.

Près d'un siècle auparavant, le Génois Verrazzano, envoyé par le roi de France pour chercher une route septentrionale des Indes et découvrir des terres nouvelles, a passé cependant devant ces rochers. Dans sa

lettre du 8 juillet 1542, datée de Dieppe, il décrit à
François Ier des lieux qui semblent bien être ceux-ci.
Mais il ne s'est pas arrêté...

Un matin de septembre 1609, un bruit de chaînes
trouble enfin ce repos qui semblait éternel. Des ancres
tombent au fond de l'eau. La *Demi-Lune,* envoyée par
des marchands hollandais à travers l'Atlantique, vient
de mouiller. Son capitaine, l'Anglais Hudson, debout
sur la poupe pontée, scrute l'horizon ; à bâbord et à
tribord, il voit la mer s'enfoncer dans les terres ;
sont-ce là des fleuves ou le passage maritime qu'il
cherche depuis si longtemps et qui, unissant l'Atlantique au Pacifique, lui permettra d'atteindre enfin la
Chine ? Hudson se décide pour le bras de mer du
Nord. Il remonte la rivière qui portera son nom et
qu'il croit être la vraie route de la soie, objet de sa
mission comme de toutes les explorations européennes.

Sur les rives, c'est la forêt, la sylve préhistorique.
L'eau seule arrête les arbres qui couvrent tout le
continent d'un pelage rougi par l'automne... Au bout
de trois mois, Hudson s'aperçoit qu'il racle le fond.
Son bateau fait demi-tour et revient au bord de
l'Atlantique.

— *A wénik yulil swanak ! manito ci maxtan towx... ?*
(Quel est ce peuple de la mer, de bons ou de mauvais
esprits ?)

En surveillant le rivage du haut de la hune, les
gabiers hollandais ont aperçu, cachés dans les rochers,
des hommes rouges, couleur du sol. On voit même
quelques huttes rondes et de la fumée s'élever d'un
trou central. Bientôt les indigènes se risquent à la nage
autour du bateau européen ; d'autres poussent à l'eau
des barques de paille ; ils sont nus, une arête de
poisson dans le nez, les reins ceints de peaux de
blaireau. Ils vont comprendre qu'ils habitent une île

nommée Manhatte ou Manhattan. Les Hollandais descendent à terre et vont au chef assis devant sa maison d'écorce ; ils échangent avec lui le message de paix, *wampun*, où les mots sont représentés par des perles enfilées. Aussitôt les femmes à bandeaux plats et luisants, qui s'étaient enfuies, recommencent à piler le maïs ; les vieillards taciturnes reprennent leur tricotage, les hommes abattent des arbres avec leurs haches de pierre, les filles grattent la terre, les enfants ramassent de grosses huîtres et le rivage, par endroits, est blanc de coquilles ouvertes. Les Faces Pâles, au corps protégé, offrent quelques pipes, une bouteille d'eau-qui-brûle. Le vieux chef ou *sachem*, ayant revêtu son manteau de plumes, fait de son côté hommage de tabac et de peaux de renards, de loutres, d'ours. Fêtes indiennes où l'on enterre le tomahawk, en signe de paix. Premiers échanges.

— *Hoeveel ?* — Combien ?

Les explorateurs hollandais rentrent chez eux. D'Amsterdam à Rotterdam, on sait bientôt que, s'ils n'ont pas trouvé la route du Cathay, ils ont découvert des terres nouvelles, couvertes de forêts, où des indigènes nus, nommés Algonquins, donnent pour rien des fourrures ; ces sauvages adorent le diable et « ne connaissent ni ne désirent les richesses »...

Les hommes à collerette, et à grand chapeau noir rapprochent leurs têtes autour d'une table, comme dans la *Leçon d'anatomie*. Ils vont disséquer le Nouveau Monde. Pendant trois ans, on prépare une nouvelle expédition, mais en secret, pour ne pas attirer l'attention des Anglais. Enfin, au printemps de 1613, un nouveau bâtiment, court et ventru comme un marchand, le *Tigre*, pousse au large, avec Adriaen Block pour capitaine.

Block arrive en Amérique ; il continue ce qu'Hudson avait commencé. Mais son bateau prend feu, est détruit. Avec des arbres de la forêt, il en reconstruit un autre et le baptise l'*Inquiétude (Unrest)*.

Il ne faut pas voir dans tout ceci d'inertes détails ; ces faits épiques sont aux États-Unis ce que le Vase de Soissons et le Cor de Roland sont à la France. Mais nos manuels d'histoire nous ont-ils jamais parlé de l'Amérique ?

A la pointe du promontoire rocheux apparaissent maintenant quelques baraques en planches, où l'on achète aux Indiens des pelleteries ; le soir, les Hollandais se retirent et se barricadent le dos à la mer, dans un fortin en terre battue.

Décidément, les affaires des deux dernières années n'ont pas été mauvaises. Aux Pays-Bas, les marchands au grand chapeau sourient dans leur barbe rousse... Bientôt, avec une criante plume d'oie, ils signent leur nom en carmin au bas de l'acte constitutif d'une nouvelle société, dite *Compagnie Commerciale de la Nouvelle Hollande,* pour laquelle ils obtiennent le monopole des fourrures... Leur société s'agrandit. Elle devient une affaire nationale et prend le titre de *Compagnie des Indes Occidentales ;* les états généraux étendent encore son privilège en lui octroyant l'exclusivité de tout le commerce avec l'Amérique.

Le gouvernement hollandais voudrait faire maintenant de sa nouvelle colonie quelque chose de mieux qu'un comptoir ; or, pour cela il ne faut plus envoyer seulement des marins dont le séjour est précaire, mais des colons qui se fixeront sur place. Qui veut partir ? Voici justement qu'arrivent de Wallonie, de Flandre, de Picardie, d'Artois, des huguenots français. Les gens des Provinces Unies les considèrent comme des frères, à cause de leur religion ; pauvres et durs au travail, ces petites gens, drapiers, tisserands, teinturiers, ont préféré quitter les terres du roi de France que d'abjurer la foi protestante. On embarque une trentaine de familles sur une flûte, la *Nouvelle-Hollande*. Le nom de ces braves Français est aujourd'hui perdu mais leur noblesse américaine vaut bien celle du *Mayflower;* au cours des siècles qui vont venir, on peut les suivre, eux et leur descendance, à New York, où, avec les Anglais, ils ont formé une aristocratie respectée pour ses vertus. Dans son beau livre sur New York, Roosevelt nous le dit : « Les huguenots français constituaient ici, comme dans toute l'Amérique, les meilleurs éléments de l'immigration. »

Une affaire : en 1626, Peter Minuit, d'origine française, achète aux Indiens leur île de Manhattan pour vingt-quatre dollars, payables en perles de verre.

Le fort, à l'extrémité du promontoire, reçoit quelques canons et devient Fort-Amsterdam. La ville prend le nom de Nouvelle-Amsterdam. Un mur de pieux traverse maintenant l'île de part en part, protégeant le bétail contre les incursions des ours et des loups. De ce mur (*wall*), il ne reste qu'un nom : *Wall Street;* aujourd'hui le mur est démoli et les loups peuvent entrer.

Les Hollandais organisent.

D'immenses domaines sont distribués aux premiers membres de la Compagnie des Indes qui s'installent en Amérique. Ces patrons (*patroons*) doivent amener avec eux cinquante personnes, au moins ; ceux qui composent leur suite ne sont pas libres : ce sont des serfs, des vassaux de la Compagnie ; ils se groupent autour de leur chef. La démocratie new-yorkaise commence par une féodalité.

Ces patriarches protestants ont reçu en bordure de la mer et de la rivière des concessions qui, faute de frontières, s'étendent idéalement vers l'intérieur : d'où des difficultés avec les voisins anglais au sud et des guerres contre les Indiens. A l'époque où, chez nous, Corneille donne *Le Cid*, les hommes rouges, Algonquins ou Mohawks, pénètrent parfois dans Broadway pour y massacrer les habitants.

Hors du mur de défense se risquent, parmi les arbres défrichés, quelques fermes, quelques moulins. Nous savons qu'un Français, le père Jogues, y a vu « un fort en étoile, un moulin, une vingtaine de maisons, des canots indiens »... « Le logis du gouverneur, dit-il, est bâti de briques, assez gentiment. Il peut bien y avoir dans cette *Isle de Manhatte* quatre à cinq cents hommes de différentes sectes et dix-huit sortes de langues. Il n'y a de religion que la calviniste et les ordres portent de n'admettre autre personne que calviniste... »

Les Hollandais qui ont débarqué ici n'ont pas commandé : « Feu ! » comme, aux Antilles, les Espagnols. Ils n'ont pas, à genoux, remercié Dieu, ainsi que les Quakers de Pennsylvanie. Ils ont dit : « *Hoeveel ?* — Combien ? » Derrière eux sont venus quelques catholiques irlandais, des Allemands fuyant la conscription, des Juifs d'Amsterdam, d'autres chassés d'Espagne, enfin des esclaves africains amenés du Brésil. Ainsi, du premier coup, New York s'affirme ce qu'il ne cessera d'être ; une place de commerce et une ville d'étrangers.

Un agent commercial, représentant la Compagnie, ensuite des gouverneurs nommés par les états généraux, règnent sur ce mélange de bourgeois, d'honnêtes marchands, de flambards, de trappeurs et de bandits. Tout ce monde marche droit sous l'œil sévère des fonctionnaires vêtus de noir, dont le plus célèbre, dans l'histoire américaine, est l'aristocrate Stuyvesant, l'homme à la jambe de bois, type de riche pionnier et de Juste selon l'Écriture.

Ce Stuyvesant sera le dernier gouverneur hollandais. En septembre 1664, des frégates de ligne mouillent à l'improviste dans l'estuaire de l'Hudson. Sous les ordres du colonel Nicolls, sans déclaration de guerre, sans un coup de feu, les Anglais s'emparent de La Nouvelle-Amsterdam et du territoire de La Nouvelle-Hollande. L'instigateur de l'expédition a été le frère du roi Charles II, le duc d'York, plus tard Jacques II. Désormais, de la Floride à l'Acadie, le Nouveau Monde appartient au roi d'Angleterre.

Les Hollandais de Hollande font la grimace, mais ceux de La Nouvelle-Amsterdam prennent leur parti de voir leur ville s'appeler maintenant New York. Les hautes classes, anglaises et hollandaise, qui ont tant de liens communs, si loin des métropoles se rapprochent aisément ; de même qu'à cette époque il est assez difficile de distinguer un meuble anglais d'un meuble hollandais, de même ici se confondent les deux peuples. Les Hollandais essaient de reprendre leur ville, mais un traité la rend, un peu plus tard, aux Stuarts. Ces Stuarts, bien que catholiques, laissent leurs colonies observer en paix la religion réformée et se gouverner assez librement. Quand le protestant hollandais Guillaume d'Orange montera sur le trône d'Angleterre, la fusion deviendra plus complète encore. Cette religion est sœur du commerce ; lorsqu'il s'agira de faire front contre le roi de France, les huguenots français de New York ne seront pas les derniers à demander des lettres de marque. New York, qui vit de la mer, trouve son compte à armer en course contre les Espagnols et les Français catholiques, à s'emparer de leurs galions et des esclaves guinéens ; embusquées aux Bermudes, aux Bahamas, ou derrière le cap Hatteras, ses frégates se laissent glisser, comme des squales, dans les eaux chaudes des Antilles. Le trésor du capitaine Kidd, de célèbre mémoire, son or en barils rapporté du Sud et caché dans Long Island où il se trouve encore, est bien l'expression de cette époque rude.

New York s'allonge. A l'intérieur des terres, sous le mur de terre battue, à part quelques vergers, ce ne sont qu'impénétrables forêts que la hache abat peu à peu et qu'elle continuera d'abattre jusqu'à ce qu'il n'y ait plus un arbre jusqu'aux Rocheuses. A l'heure où les seigneurs français coupent leurs futaies pour se tailler des parterres dans le goût de Versailles, les rustres américains déboisent à la cognée pour semer du blé. Après les trappeurs, les paysans. Les moulins tournent. Les armes actuelles de New York portent des tonneaux de farine sur une volée de quatre ailes, en souvenir de la loi anglaise qui donna à la ville le monopole de la mouture et assura ainsi sa prospérité première. La cité qui comptait quinze cents habitants à la fin de l'occupation hollandaise, en atteint vingt mille sous les Anglais. Une large avenue plantée d'arbres la coupe désormais en deux dans le sens de la longueur : c'est l'ancien *Breedweg* hollandais, dont les Anglais font *Broadway*. Le fort en demi-lune, à sept canons, qui protégeait les premières transactions, est devenu un gros ouvrage avec une batterie de cinquante bouches à feu, qui défend l'entrée des deux rivières. Autour se groupent de charmantes maisons hollandaises au toit en escalier, à tuiles brillantes en écailles de poisson, comme on pourra en voir, non seulement à Amsterdam, mais bien loin de la Hollande, de Curaçao aux bords de la Néva. L'intérieur, tel que nous l'ont conservé tant de musées et de milliardaires américains, est sombre ; une grande pièce commune au rez-de-chaussée, enfumée, avec des clairs-obscurs à la Rembrandt, des bancs, des tables massives et un rayon de soleil sur les casseroles de cuivre rose ; au premier, lorsque s'ouvrent les volets de bois, on aperçoit un luxe caché importé d'Europe, argenteries, vaisselle de Delft, jacinthes et tulipes, beau linge et soies de Chine, lits de plume encastrés dans les boiseries des alcôves. C'est la Hollande — moins les vaches et les polders — la Hollande, avec ses canaux. Le samedi, on lave les seuils...

A part une révolte des esclaves nègres, qui formaient alors près de la moitié de la population, à part les guerres contre les Français et contre les Indiens, rien ne vient troubler dans son développement ce New York anglais de la première moitié du XVIIIe siècle. Cependant la vieille tradition européenne d'exploitation des colonies au seul bénéfice de la métropole prévaut encore, à Londres comme à Madrid : cela va coûter presque toute l'Amérique à la Cour de Saint James. En 1765, le Parlement britannique commet l'erreur de voter le fameux Acte du Timbre. Un congrès se réunit à New York où, déjà, neuf des treize colonies sont représentées et envoient à S. M. le roi George III une adresse de protestation. La Société secrète des Fils de la Liberté prépare l'insurrection. Le premier sang répandu en Nouvelle-Angleterre l'est en 1770, à New York.

Le 8 juillet 1776, la Déclaration d'Indépendance est lue dans le parc de l'Hôtel de Ville. Le lendemain, la statue équestre du roi d'Angleterre est jetée à bas. C'est la guerre. Mais New York est aussi vulnérable qu'un gros galion et ses marchands ne sont pas des soldats. Les Anglais font un sérieux effort pour conserver cette base importante, dont la perte risquerait de les précipiter à la mer. Lord Howe et ses mercenaires hessois occupent Long Island. Le général Washington doit battre en retraite et évacuer New York le 4 septembre de la même année. Sa victoire sur les hauteurs de Harlem n'empêche pas les frégates anglaises de remonter l'Hudson après en avoir forcé les lignes de défense, et pendant sept ans, alors que le

reste des États-Unis se libère, les Anglais continuent
d'y tenir garnison. New York attend. Un incendie l'a
presque entièrement détruit en 1776 ; sur ces ruines,
les officiers de l'armée anglaise dansent, désireux de
montrer à ces provinciaux qu'on peut se battre
vaillamment tout en continuant à donner des bals et la
comédie. Du haut du fort George, les Habits Rouges
surveillent l'Hudson et la rive rocheuse de New
Jersey. Ils pointent leurs pièces de bronze sur les
maisons et les vergers de Manhattan, sur la banlieue
aux chaumières de bois où vivent les mulâtres et les
nègres, sur les fermes de Chelsea et de Greenwich.
L'hiver arrive. Entre ses deux fleuves glacés, New
York, tout calciné, rasé, détruit par les boulets, attend
sa libération.

Enfin, le 25 novembre 1783, les troupes anglaises se
rembarquent.

Le général Washington fait son entrée dans une
ville à demi morte.

Cette Cité du Commerce préfère la paix aux
combats. C'est en effet après les guerres napoléo-
niennes et après celle de 1812 contre l'Angleterre que
New York commence à devenir une métropole. C'est
après la guerre de Sécession que la Ville Moyenne
prend son essor ; c'est après la campagne de Cuba et la
victoire sur l'Espagne, que New York atteint Central
Park ; enfin le développement complet de la Ville
Haute et l'extraordinaire prospérité du Bronx datent
de 1918.

A la fin du XVIIIᵉ siècle, New York n'est encore
qu'une ville d'importance secondaire et fait médiocre
figure à côté de Boston et de Philadelphie. La plupart
des voyageurs du temps ne la mentionnent pas. A quoi
doit-elle donc le rang qu'elle tient actuellement ? Au
début du XIXᵉ siècle, l'Amérique entière s'est transfor-
mée, jusqu'à devenir méconnaissable. Lorsque trente

ans après *Atala*, Chateaubriand reprend la rédaction de son voyage, à l'occasion de la publication de ses *Mémoires d'Outre-Tombe*, il est obligé de décrire un tout autre pays que celui qu'il a connu... « Là où j'ai laissé des forêts... champs cultivés ; là où étaient des halliers... grandes routes ; où le Mississippi, dans sa solitude... plus de deux cents bateaux à vapeur... » Ce qui est vrai des États-Unis l'est plus encore de New York. La grande cause de sa croissance fut la création par le Witt Clinton, en 1825, du canal de l'Érié qui, en reliant les Grands Lacs intérieurs à l'océan, plaça New York à la tête de tout le réseau des voies d'eau américaines ; plus tard, les chemins de fer se développant, New York profita le premier de la concentration et de la répartition rapide des marchandises. Le port de l'Hudson répondit parfaitement au rôle qu'on attendait de lui. La découverte de la navigation à vapeur eut pour conséquences l'extension et la régularisation du commerce transatlantique, qui facilita aussitôt l'immigration européenne. New York devint alors le grand marché de la main-d'œuvre, étant déjà celui des capitaux et des marchandises.

C'est pourquoi, en 1820, Manhattan compte 125 000 habitants et, en 1840, près d'un million.

Le plaisir que l'on trouve à venir s'asseoir sur un des bancs de la *Batterie* est fait en grande partie de ces premiers souvenirs coloniaux.

La Batterie, qui doit son nom à l'ancien fort, sur l'emplacement duquel est aujourd'hui bâtie la Douane, est la proue de ce Manhattan effilé qui, plus que Paris, devrait avoir dans ses armes une nef. Les maisons de cette partie de New York qu'on nomme la Ville Basse, au sortir de Broadway, se sont arrêtées tout d'un coup et, avant la mer, ménagent à l'œil l'espace d'une vaste esplanade en demi-lune. Sur ce

terrain découvert, j'aime à recevoir l'été, de plein
fouet, le vent de l'Atlantique et l'hiver, hors des
tranchées glacées des rues, à m'y chauffer au soleil.
Un seul de nos paquebots de 1930 suffirait à encombrer le vieux môle, aussi n'est-ce plus ici, au sud, mais
à l'ouest, dans l'Hudson, ou encore à l'est, que les
grands bateaux vont aujourd'hui docker. Mais c'est
sur ces appontements de bois usé que débarqua
Lafayette et que débarquent encore, à l'occasion, les
héros du Pôle, les aviateurs victorieux et les champions de la traversée de la Manche à la nage, dont les
voitures, dételées par des fanatiques, remonteront
ensuite Broadway. Cette Batterie a conservé son
cachet « vieille Amérique ». Sur ces pontons d'un
blanc sale, où des aigles d'un or rouillé prennent leur
essor, les citadins s'embarquent l'été pour les plages
populaires voisines de Long Island, Coney Island,
Rockaway Beach ou pour Staaten Island, Governor
Island, etc. Chaque pied carré de ce gazon noir est un
souvenir historique : c'est le monument à Verrazzano
offert par la colonie italienne ; ce sont des canons du
xviie siècle, ou encore le mât d'acier du yacht *Constitution ;* ce mât remplace celui au haut duquel flottaient
jadis les couleurs anglaises : les Habits Rouges, dans
leur rage, le jour de leur évacuation, l'avaient graissé,
ce qui n'empêcha pas Van Arsdale d'y grimper pour
arracher l'emblème de la tyrannie et le remplacer par
les étoiles américaines. Au nord de la place est une
pelouse ovale enfermée dans une délicate grille
anglaise du xviiie siècle, dont on a fait sauter les
couronnes royales : c'est Bowling-Green (dont, en
d'autres siècles, nous fîmes boulingrin), le plus vieux
des parcs de New York, la matrice d'où sort
Broadway. C'est là que Manhattan fut achetée aux
Indiens, c'est là que se tenait l'ancien marché aux
bestiaux, là encore que fut abattue la statue en bronze

de George III, dont les révolutionnaires firent des balles.

Entre l'esplanade et les premiers gratte-ciel de Broadway et de Wall Street, aux numéros 6, 7 et 9, quelques vieux immeubles à trois étages ont été épargnés. Derrière, s'ouvrent les quartiers orientaux, syriens et grecs, où nous passerons plus tard. Non loin de là est la jolie maison à encorbellement de la Mission des Filles irlandaises, avec son ancienne colonnade de bois, sa marquise et son balcon de fer forgé. Quel contraste avec le New York d'aujourd'hui qui dresse au-dessus, menaçants, ses premiers gratte-ciel comme des escaliers sans rampe sur le bleu implacable d'un ciel d'hiver indien. Vus de profil ils semblent découpés dans du carton et sans épaisseur. Entre eux, à la hauteur du premier étage, souple comme une vipère orangée, se faufile le chemin de fer aérien. D'ici, les bruits commerciaux de la Ville Basse s'atténuent au profit des bruits marins : sirènes, treuils, cris de mouettes, battements de la roue à aubes des transbordeurs. Face à la mer et au soleil, un contre-jour d'argent m'aveugle, d'où émerge la statue de la Liberté, tandis qu'à l'horizon, caché dans le brouillard, un grand paquebot pressé d'arriver avant la nuit demande le pilote avec des rugissements de bête amoureuse.

Aussi rébarbatif qu'un douanier américain, le monument de la douane, quadrilatère neuf et pourpre dans le style de la Renaissance française, me ferme le paysage à droite et cache à ma vue les immeubles et bureaux d'un certain nombre de compagnies de navigation, qui travaillent à pied d'œuvre, au bord de la mer ; j'aperçois le pavillon de notre Compagnie Transatlantique. Custom House, c'est la première administration américaine que le voyageur rencontrera ; il doit y entrer pour comprendre qu'une bureaucratie n'est pas nécessairement quelque chose de sale, d'obscur, d'inhumain et d'anonyme. Aux États-Unis les fonctionnaires ne sont pas cachés derrière des guichets, mais présents derrière des comptoirs de marbre. On voit leur figure. Ils demeurent accessibles, même par téléphone.

C'est de la douane que sortent les implacables douaniers qui, au débarqué, infligent aux Américains arrivant d'Europe des amendes formidables pour le moindre article de Paris non déclaré, pour les diamants importés clandestinement de la rue de la Paix et pour les livres défendus achetés au Palais-Royal.

Des marches extérieures de la douane nous repartirons dans un instant pour entrer dans ce Broadway dont l'œil aperçoit dès à présent, en coupe, le canyon profond ; ici, à l'hôtel Washington (devenu Mercantile Marine Cº) habitait Talleyrand.

Sur cette Batterie, aujourd'hui presque déserte, se ruèrent les premières vagues de l'émigration européenne, au milieu du XIXᵉ siècle, avant qu'on eût choisi pour la filtrer le séjour voisin d'Ellis Island. C'est là, sur la gauche, à la place de ce bâtiment blanc qui est aujourd'hui l'Aquarium, dans un ancien fortin alors séparé du rivage, que se tenait jadis l'Opéra, Castle Garden Opera House, auquel succéda Barnum, en 1850.

L'*Aquarium*.

C'est une des beautés de New York que la navigation silencieuse des longs esturgeons noirs, que l'envol monstrueux des grands turbots. Dans chaque réservoir, comme la maquette d'un ballet mythologique et sous-marin avec son décor d'herbes et de rochers, les bulles d'eau tirent des feux d'artifice vers la surface. Poissons colorés des tropiques, truites des Grands Lacs glacés, pareilles à des truites au bleu, poissons-chat rayés, déjà équatoriaux, poissons-porc, phoques et requins. Le plus monstrueux, c'est le *june-fish* ou poisson de juin. Je l'ai connu il y a quatre ans quand il se nommait *jew-fish,* le poisson-juif ; chauve, gras, oriental, la bouche ouverte, agitant ses nageoires comme des bras très courts, il regardait Wall Street de son petit œil hagard, éveillé, dur comme marbre ; sa laideur était telle que les Juifs de New York exigèrent qu'on le débaptisât... Plus loin, un grand tableau synoptique m'émerveille : il porte les noms de tous les poissons, avec l'époque de leur frai et le nombre d'œufs. Sait-on que la langouste recherche le mâle en juillet et donne dix mille œufs, que la truite dorée attend novembre pour faire l'amour, par une température de neuf degrés ?

La Batterie est un des endroits les plus poétiques de Manhattan ; je n'en connais pas de plus doux, de plus essentiel, si ce n'est Washington Square. On projette de dépenser beaucoup d'argent pour l'embellir et y élever un monstrueux autel à l'Immigration. La Batterie devrait être conservée telle quelle, comme un trait d'union sentimental entre l'Europe et l'Amérique.

Au moment de m'enfoncer dans la gorge glacée de Broadway je ne pus m'y résigner, tant il était bon de se chauffer au soleil. Un bateau allait partir pour Ellis Island et pour la statue de la Liberté. J'avais justement sur moi une lettre pour le directeur de l'Immigration ; je franchis la passerelle.

Je m'éloignai du rivage sur le vieux rafiot en bois, peint de vert, avec un pilote ivre, des fenêtres battant au vent et une porte ouverte qui laissait entrevoir les plus antiques cabinets d'Amérique, aussi sales que ceux d'Europe. New York s'éloignait. A ma gauche s'ouvrait l'Hudson (ou rivière du Nord), sans ponts ; à ma droite, la rivière de l'Est enjambée par l'arche métallique de Brooklyn qui, dans la brume, s'augmen-

tait comme un arc-en-ciel double, d'un second pont,
celui de Manhattan ; devant moi, les gratte-ciel s'éta-
geaient, montaient, à mesure que je prenais du
champ. La Standard Oil dominait de son campanile
conique à quatre obélisques toutes ces tours carrées.
Vieux gratte-ciel cubiques, pareils à des piles de
planches dans les scieries mécaniques au bord des
rivières et les nouveaux, avec leurs étages en retrait,
comme pour escalader les nuages. Je conserve un
souvenir lumineux et fortifiant de la pyramide à
degrés du Banker's Trust, de la tour Singer, du
phallus carré de l'Équitable, de l'American Telegraph
and Telephone, du Woolworth. Je ne leur trouve pas
seulement une beauté décorative : ils me donnent une
satisfaction profonde ; ils n'ont pas grandi ainsi pour le
plaisir d'étonner les étrangers, d'effrayer les immigrants ; s'ils ont monté à de telles hauteurs c'est qu'il
fallait utiliser les dernières parcelles d'un roc qui allait
faire défaut ; ils se sont élevés naturellement, comme
le niveau d'un fleuve à mesure qu'il se rétrécit dans
l'encaissement de ses rives.

Cet après-midi, ce n'était plus cette brume de
chaleur mauve qui jusqu'au dernier moment, un
matin de juillet 1925, m'avait caché, puis révélé
soudain ce New York que j'attendais depuis des
heures du haut du pont du *Majestic* ; c'était un de ces
brouillards d'hiver, stagnant, très gris, non pas suspendu mais couché à plat sur l'eau. Flots verts,
ponctués des blancs délicats d'une aile de mouette,
d'une fumée, d'une voile, relevés de la touche d'une
crête d'écume, tandis que, plus loin, les docks noirs
apparaissent, soulignés lourdement, et que le rouge
violent de la cheminée d'un paquebot vient redonner
soudain du ton à ce paysage décoloré.

Nous croisions, manquant de peu l'abordage, des
bacs à aubes, des bateaux-citernes trop chargés à

l'arrière et qui relèvent le nez, des ferries, si beaux à
voir, le soir, avec leur étage de vitres illuminées
comme des tramways aquatiques, des transbordeurs
chargés de plusieurs wagons en équilibre, des bar-
casses bourrées d'ordures municipales. Au milieu de
la navigation pénible des remorqueurs aux muscles
tendus, se faufilaient les avisos de la Santé ou les
vedettes des pilotes. La mer, à New York, est aussi
habitée que la terre. J'oubliais les touchantes gravures
des temps passés, où quelques frégates dorment dans
les eaux désertes de La Nouvelle-Amsterdam. Cet
avant-port, je le voyais tel qu'il existe depuis bientôt
un siècle, depuis que New York est devenu grande
métropole, tel que déjà Walt Whitman l'a chanté :

« ... *Moi aussi, nombre et nombre de fois je passai la
rivière, suivis du regard les mouettes de décembre...*

*regardai du côté de la baie les bateaux qui arri-
vaient...*

vis les voiles blanches des goélettes et des sloops ;

vis les navires à l'ancre ;

*les matelots au travail dans le gréement ou à cheval
sur les vergues,*

*les mâts arrondis, le balancement des coques, les
minces flammes serpentant...*

les grands et petits steamers en mouvement,

*les pilotes dans leur cabine et les blancs sillages
laissés par le passage, le tournoiement rapide et tremblé
des roues ;*

*les pavillons de tous les pays, leur chute au coucher
du soleil...*

*les murs gris des entreponts en granit contre les
docks...*

le grand remorqueur flanqué de péniches...

le bateau à foin,

la gabarre attardée ;

*sur la rive voisine, les feux qui des cheminées des
fonderies*
hauts dans la nuit flambent avec éclat,
*projetant leurs noirs contrastes de lumières rouges et
jaunes, par-dessus les maisons et, au bout, la fente des
rues* [1]*... »*

Dreiser, Dos Passos et bien d'autres ont, depuis
lors, chanté le port de New York, mais ils n'ont fait
que paraphraser ce poème de Whitman.

A *Ellis Island,* tous les passagers étrangers de
troisième classe et tous les voyageurs des paquebots
dont les papiers ne sont pas en règle, attendent, pour
entrer, la décision des autorités américaines. Je me
réjouissais de voir concentrée sur quelques pieds
carrés, une Europe déguenillée et pittoresque : Ukrai-
niens en blouse, Polaks en touloupe et en melon vert,
Albanais en fustanelle, Tyroliens à collet de drap
oseille et à pipes de porcelaine, Hongrois en bottes
molles, Italiens en terre cuite et paysans espagnols à la
bouche couverte, quand souffle le vent, de leur châle,
comme les Arabes de leur burnous. Wells, en 1906, y
avait regardé passer vingt mille personnes en une
journée. A ma grande surprise, je trouvai cette gare de
triage à peu près déserte et vide de son bétail ; on
m'expliqua que depuis la nouvelle loi d'immigration
de 1921, dite *loi du Quota,* le ministère du Travail fait
examiner dans chaque consulat américain d'Europe
les candidats à l'immigration ; le visa ne leur est
accordé que lorsqu'ils ont été reconnus dignes d'entrer, ce qui évite les voyages inutiles et les frais de
rapatriement. Dans une sorte de tennis couvert, tendu
de drapeaux américains, quelques individus en qua-
rantaine rêvaient du paradis, de ce New York qu'à

1. Traduction Fabulet.

travers les baies vitrées on apercevait, posé sur le brouillard comme un décor peint sur gaze. Une paysanne slovaque, couleur de seigle, courte comme un porc, avec toutes les fleurs de l'Europe centrale brodées sur sa peau de mouton, prenait son billet pour l'Ouest et l'attachait à son corsage ; deux mannequins de notre rue de la Paix, en larmes, leur fard déteignant (malheur aux étrangères isolées en Amérique), n'ayant pas été réclamées par une maison de la Cinquième Avenue, attendaient que le bateau qui les avaient amenées le matin même les ramenât au Havre ; placidement, des Arméniens se préparaient à passer leur examen, se demandant dans quel idiome ils choisiraient de lire un de ces versets de la Bible qui sont ici traduits en cinquante langues ; comme des élèves punis, patientaient dans un coin des refoulés politiques qui avaient refusé de s'engager par écrit à respecter la Constitution américaine et des expulsés qui allaient en appeler au tribunal spécial de Washington de la décision qui les frappait. Enfin, la clientèle habituelle des déserteurs de bateaux et des « sauteurs de frontières », bien décidés à recommencer à la prochaine occasion.

Ellis Island n'a rien d'un enfer. C'est un grand hôtel administratif, avec des jouets pour les enfants, des douches et des vêtements gratuits, le cinéma, le soir, pour les grandes personnes. Au réfectoire, une nourriture abondante ; on a même prévu une table spéciale pour les Israélites avec de la viande rituellement préparée par des cuisiniers juifs. Cette table-là, jusqu'en 1907, a dû être fort grande ; aujourd'hui, l'Amérique s'épure. Elle s'est fermée aux Orientaux, tout comme un grand club. En ce début du xxe siècle, ceux qu'on accueillait hier sont devenus des indésirables et les États-Unis raisonnent comme le vieux pêcheur de *Manhattan Transfer* :

— *J' donnerais bien un million de dollars, dit le vieil homme, pour savoir ce qu'ils viennent chercher ici...*

— *Juste ça, vieux père ; est-ce que nous ne sommes pas dans l' pays de la chance ?*

— *En tout cas, ce que j' sais bien, c'est que quand j'étais jeune, il n'y avait que des Irlandais qui venaient au printemps, avec les premiers bancs d'aloses. Maintenant il n'y a plus d'aloses et ces gens-là, Dieu sait d'où ils viennent*[1]*...*

Cette dame enceinte, dans sa robe de chambre à plis de bronze, un bougeoir à la main, c'est la Liberté éclairant le Monde, de Bartholdi. Elle tourne légèrement son flambeau vers l'Europe, comme pour l'éclairer d'abord. Singulière fortune américaine que celle de ce Bartholdi, Alsacien, praticien glacial de l'atelier d'Ary Scheffer, médaille d'honneur des Salons... Sa statue est exilée en mer sur une petite île ; a-t-on peur qu'elle mette le feu avec sa torche, en plein vent ? D'en bas et de tout près, la figure verte et abstraite me terrifia. Je pénétrai sous ses jupes par des casemates de fort. Rien ne ressemble plus à cette Liberté qu'une prison. On m'éleva dans un monte-charge grillé, semblable à la cage du cardinal La Balue, jusqu'à un escalier en ressort à boudin. Sur la bobèche du flambeau, on pourrait faire une promenade circulaire ; au premier plan, l'ancien fort Wood, sur lequel le monument a été posé, dessine une étoile. Une rampe de projecteurs en accuse les contours, les nuits de fête nationale. Dans la tête de la Liberté, qui est vide, des Sociétés philanthropiques donnent des banquets.

Ce soir, au soleil couchant cette Liberté allongeait

1. Trad. M. Coindreau.

une grande ombre sur la mer... New York s'anéantis-
sait en noir et en bleu, l'air était si doux que je laissai
repartir sans moi le bateau. Les gratte-ciel me faisaient
rêver à l'architecture agrandie de certaines colonies
sionistes... Au-dessus, un plafond permanent de
fumées suspendues. En face, l'île du Gouverneur
flottait sur l'eau comme une feuille de lotus, ayant
pour bouton central, rond et rose, le vieux fort Jay. Je
pensais à 1917 et 1918, à tous les beaux soldats
américains qui s'y embarquèrent à destination de la
France. Comme les nouveaux gratte-ciel de Brooklyn
avaient grandi depuis quelques années ! Je comprenais
ce qu'Emerson avait voulu dire en écrivant que la
beauté n'est que l'expression de l'efficacité. Derrière
moi, l'entrée des détroits, les *Narrows*, qui ferment la
baie extérieure de New York, s'enfonçaient déjà dans
quelque chose de si tiède qu'on n'osait croire à une
nuit d'hiver. Puis, le feu blanc de *Sandy Hook*, la
seconde lumière qu'aperçoivent les transatlantiques
venant d'Europe après le bateau-phare de *Nantucket*,
apparut, en même temps que les premières étoiles.

Je revoyais des fins de journées non moins grises, au
Point-du-Jour, où une toute petite Liberté, fille de
celle-ci, faite à l'échelle d'un tout petit Paris, s'efforce
d'éclairer par-dessus la Seine le crépuscule qui descend des collines de Clamart...

Devant moi s'ouvre une avenue qui serait large si
elle était bordée de maisons européennes ; dominée
par des édifices de trente et quarante étages, elle ne
semble plus qu'une ruelle. Le soleil ne la pénètre
qu'un moment, lorsqu'il se trouve dans son axe et l'on
aperçoit mieux alors, au fond de ce défilé géométrique, un fleuve humain qu'une fonte instantanée des
sommets ira gonfler trois ou quatre fois par jour. La
masse de ces constructions pèse sur le passant et, si

elle ne l'écrase pas, il s'en faut de peu. Ces gratte-ciel, liés par une sympathie de géants, se soutiennent pour s'aider à monter, s'arc-boutent, se prolongent jusqu'à l'épuisement des perspectives. On essaie d'en compter les étages un par un, puis, lassé, l'œil se met à les gravir par dizaine ; on lève la tête, à se scier le cou, et le dernier étage qu'on aperçoit n'est en réalité que le premier d'une série de terrasses en retrait, qu'une vue de profil seule ou un vol d'oiseau, pourraient révéler.

Les gratte-ciel ! Il y en a qui sont des femmes et d'autres des hommes ; les uns semblent des temples au Soleil, les autres rappellent la pyramide aztèque de la Lune. Toute la folie de croissance qui aplatit sur les plaines de l'Ouest les villes américaines et fait bourgeonner à l'infini les banlieues vivipares s'exprime ici par une poussée verticale. Ces in-folios donnent à New York sa grandeur, sa force, son aspect de demain. Sans toits, couronnés de terrasses, ils semblent attendre des ballons rigides, des hélicoptères, les hommes ailés de l'avenir. Ils s'affirment verticalement, comme des nombres, et leurs fenêtres les suivent horizontalement comme des zéros carrés, et les multiplient. Ancrés dans la chair vive du roc, descendant sous terre de quatre ou cinq étages, portant au plus profond d'eux-mêmes leurs organes essentiels, dynamos, chauffage central, rivetés au fer rouge, amarrés par des câbles souterrains, des poutrelles à grande hauteur d'âme, des pylônes d'acier, ils s'élèvent, tout vibrants du ballant formidable des étages supérieurs ; la rage des tempêtes atlantiques en tord souvent le cadre d'acier, mais, par la flexibilité de leur armature, par leur maigreur ascétique, ils résistent. Les murs ont disparu, ne jouant plus aucun rôle de soutien ; ces briques creuses dont la construction est si rapide qu'on peut monter d'un étage par jour, ne sont qu'un abri contre le vent et ces granits, ces marbres qui garnissent la base des édifices n'ont que quelques millimètres d'épaisseur et ne constituent plus qu'un ornement; les plafonds en lattis sont simplement agrafés aux charpentes, le toit est fait de feuilles d'acier. Tout bois est interdit, même en décoration; tout l'effort, accru par l'altitude, est troué par ces cages ignifugées que traversent une vingtaine d'ascenseurs et tant de faisceaux de fils électriques qu'on dirait des chevelures... Lorsque j'écris ces lignes, ayant depuis longtemps quitté New York, j'ai encore dans les oreilles les bruits de la perceuse qui, dans le fer, perfore le trou du boulon, maniée par un ouvrier ganté, à cheval sur l'échafaud aérien, sans autre outil qu'un fil électrique.

Ceux qui ont connu New York il y a trente ans sont surpris de ce qu'ils voient aujourd'hui. Les gratte-ciel étaient des constructions d'une dizaine d'étages, isolées les unes des autres, très laides. Claudel, qui fut élève-consul à New York, m'en a dit bien souvent la hideur et le vilain coloris. La ville alors était brune, désormais elle est rose. Stevenson qui, misérable et inconnu, y débarqua en 1879, la décrit ainsi : « une ville plate qui ressemble à Liverpool ». Demain, ces immeubles que nous admirons ne nous déplairont peut-être pas moins; New York apparaît plus beau à mesure qu'il est plus neuf.

De ce que le gratte-ciel est pour nos artistes modernes le symbole de l'Amérique, on conclut trop aisément qu'il a toujours existé; or le premier date de 1881. Il naquit à Chicago, élevant timidement ses dix étages sur les boues du Michigan. Le *Home Insurance Building* terminé en 1885, pour la première fois s'édifiait sans l'aide des murs, ces béquilles... Le progrès, d'un coup, était énorme; sans doute le plus grand pas que l'architecture ait fait depuis l'âge gothique. Pourquoi le gratte-ciel avait-il tant attendu avant d'apparaître ? Il fallut, pour qu'il pût exister, que l'Europe intervînt de tout son esprit inventif ; il fallut d'abord la découverte du ciment dit de Portland, importé d'Angleterre ; ensuite, celle de l'acier Bessemer, procédé allemand ; enfin et surtout, l'audacieux génie d'un architecte français, Le Duc, qui, bien avant 1880, avait écrit dans un essai sur l'architecture « qu'on pouvait concevoir un édifice dont l'armature serait en fer et dont l'enveloppe de pierre ne servirait qu'à l'enclore et à la préserver ». Cette divination géniale, perdue pour nous, ne le fut pas pour les élèves américains de notre École des Beaux-Arts, notamment pour W. L. B. Jenney, qui travaillait à Paris au milieu du XIXe siècle, W. C. Starrett nous l'apprend, dans son livre si intéressant sur les « Gratte-ciel et leur Construction », qui vient de paraître. Jenney qui aima Paris et y fut l'ami de Whistler, continuait d'ailleurs une tradition qui date du XVIIIe siècle et qui amena à notre école d'architecture un Thomas Jefferson, un Strickland, un Richard Hunt.

Le gratte-ciel pouvait donc s'élever désormais aussi haut que l'on voudrait. Mais comment y grimper ? C'est alors que l'ascenseur qui, à l'émerveillement de tous, avait, en 1850, fait son apparition dans le nouvel Hôtel de la Cinquième Avenue, d'hydraulique ne tarda pas à devenir électrique, et put suivre le bâtiment dans sa montée.

En 1916, sous l'influence de l'urbanisme européen, la municipalité de New York se préoccupa pour la première fois de l'esthétique, et une loi, dite *zoning law*, fut votée, qui obligeait les nouvelles constructions à s'effacer à une certaine hauteur et à développer des terrasses en retrait pour que la lumière pût pénétrer dans la rue. L'effet en fut merveilleux, surtout lorsque les rehauts d'or et des éclairages électriques invisibles (sinon les ornements de céramique et de terre cuite, encore discutables) vinrent orner leurs tours. Les gratte-ciel ne doivent rien, quoi qu'on en dise, à Babylone ni aux pueblos indiens. Si un style c'est l'expression de la vie à un moment donné, l'Amérique a le droit de dire maintenant qu'elle a un style. Emerson nous enseigne que la vraie beauté nous fait oublier la surface pour nous amener à ne penser qu'à la structure interne : l'âme de ces édifices, c'est le succès ; ils sont les tabernacles de la réussite ; réussite financière, aussi agréable au Dieu des Puritains qu'une prière. Comme une flèche de cathédrale, ils tendent vers le ciel d'un élan à la fois mystique et économique. C'est cette beauté organique et profonde que nous offrent ces « maisons des nuages », comme dit Ford Madox Ford. Ce matin, à mesure que j'avance dans Broadway, je pense qu'un homme d'aujourd'hui doit les approuver comme un Grec, le Parthénon.

Broadway.

Même à ceux qui ne connaissent pas New York, deux noms sont familiers : l'un est Manhattan, l'autre est Broadway. Or, si Manhattan, c'est New York proprement dit, le cœur de Manhattan, c'est Broadway. Cette artère maîtresse donne à l'île son unité ; nous l'avons vue sortir de Bowling Green comme d'un bulbe. En ligne droite, s'infléchissant à peine deux fois, Broadway s'en va se perdre idéalement Dieu sait où, à trente kilomètres d'ici, peut-être dans l'océan Pacifique ! A vrai dire, lorsqu'on écrit de quelqu'un qu'il a « l'esprit Broadway », d'une femme qu'elle est adorée de Broadway, expressions qui correspondent à peu près à « célèbre sur le Boulevard », on veut surtout parler du Broadway nocturne, vulgaire, illuminé, qui est celui de la Ville moyenne et que nous verrons plus tard. Le bas Broadway où nous voici déverse trois fois par jour son flot dans les réservoirs carrés que sont les gratte-ciel, où les ascenseurs classent cette matière humaine que lui ont apportée les tramways ou les métros et la répartissent par étages. Broadway, c'est la voie triomphale par où rentrent les armées et les généraux victorieux, où paradent les groupes prohibitionnistes, les Loges maçonniques et ces sociétés d'assurances mutuelles, si nombreuses en Amérique, qui portent des noms d'animaux sauvages et déguisent leurs membres de défroques théâtrales. Le canyon du bas Broadway a ce bruit spécial des rues à gratte-ciel qui sont plus creuses, plus chantantes que les autres et dont la couleur aussi est différente, traversée par un jour avare où des faisceaux de soleil brisés pénètrent avec peine la poussière suspendue dans l'air. Ces falaises, droites comme des cris, rejetées en arrière par une perspective outrée, doit-on les appeler des maisons ? Elles ne grattent pas le ciel, elles le défoncent. Dès que l'on pénètre entre elles il semble que les perpendiculaires, de plus en plus serrées, se plissent en accordéon, que les parallèles descendent vertigineusement et finissent par se souder.

C'est le quartier des grandes Compagnies de navigation et des assurances. Les dix pieds carrés valent ici le prix d'un château au bord de la Loire. Les ciceroni qui promènent les étrangers dans des autocars au toit de verre peuvent décrire ces boîtes monstrueuses et articulées en disant que chacune d'elles a trois mille portes, deux mille six cents fenêtres, deux mille trois cent soixante radiateurs, cinq mille téléphones et treize millions de bougies : ils n'expliquent rien. Soyons plus patients.

Pénétrons par exemple au numéro 25, dans le Cunard Building. Dans son hall de grès et de marbre aux grands comptoirs discrètement éclairés, regardons les mosaïques des coupoles du plafond et les composi-

tions murales d'Ezra Winter représentant les voyages
des plus fameux explorateurs, les grandes cartes
peintes, aux océans si bleus, la frise circulaire de
bronze, aux allégories aquatiques : ce Cunard Building est un des monuments les plus importants de l'art
décoratif new-yorkais. L'impression qu'il laisse dans
l'esprit s'équilibre avec celle que donne l'aspect extérieur de ces grandes orgues basaltiques. En face, sur
l'emplacement des premières maisons hollandaises,
voici la citadelle du capitalisme, la Standard Oil. A
côté, la Hamburg Amerika, où les étages sont gradués
comme les lignes d'une éprouvette, où la surface n'est
plus que du verre et où les vides ont définitivement
triomphé des pleins. Toujours des compagnies de
navigation, la Red Star, la Royal Mail, palais tracés au
tire-ligne, pareils à des projections graphiques. Il est
quatre heures de l'après-midi. La rue est déserte et les
maisons paraissent plus hautes encore, agglomérées
comme des cristaux (il faut voir la Ville Basse aux
heures d'assaut et, par contraste, le dimanche, alors
qu'on y circule librement et qu'on peut mieux jouir
des effets de recul). Au numéro 42, c'est la Banque de
Julius Bache, l'animateur de Chrysler, une des grosses
fortunes de ces dernières années. Un peu après
l'Equitable Building, arrêtons-nous à l'American
Telegraph and Telephone. J'ai dit la beauté de la robe
rose et or de ce nouveau gratte-ciel, quand on le voit
de l'extérieur, du pont des paquebots qui entrent dans
l'Hudson ; à l'intérieur, son hall aux pures colonnes
grecques, d'une harmonie si calme, ne révèle rien de
l'activité de cette société arachnéenne qui étend sur le
monde ses dix millions de kilomètres de fils électriques.

Au coin de Rector Street se trouve *Trinity Church,* la
plus vieille église de New York. Cette église du
XVIIᵉ siècle, détruite dans le grand incendie, fut

rebâtie à la Révolution. Un cimetière à l'anglaise l'entoure, mais les tombes, au lieu d'être cachées dans un épais gazon du Kent, pataugent dans une boue grise. Au XVIIIe siècle ce petit clocher rouge dominait New York ; aujourd'hui, tout noirci, avec son horloge d'or qui se découpe si heureusement sur la Bourse des valeurs secondaires, le *Curb Market*, il disparaît, étouffé par les banques et n'est que le plus petit et le plus sombre des monuments de la Ville Basse ; la religion n'a plus rien à faire ici... Trinity Church où se trouvait, nous disent les vieux voyageurs français, un orgue « fort bien touché », fut jusqu'à la Révolution le lieu de réunion des gens de qualité. On y prêchait encore en hollandais et les officiers anglais à uniforme rouge, comme des Ræburns, les « beaux » à perruques, y lorgnaient les épouses des marchands suivies de leurs esclaves nègres habillés de rayures vives, « indolents, exigeants et fantasques... ». Tout comme une église anglaise, Trinity possède des richesses immenses. Elle est propriétaire d'une grande partie de Greenwich Village, que lui donna la Reine Anne. Les vieilles familles américaines tiennent encore à honneur d'y conserver leurs prie-dieu, mais ne viennent plus à Trinity ; aujourd'hui les ouvriers italiens et les dactylos déjeunent l'été sur les bancs, parmi les tombes aux antiques inscriptions, profitant de ce rayon de soleil qui, à midi, réussit parfois à percer l'obscurité du canyon. Lorsqu'on passe devant l'église, on ne voit pas l'autel, mais une porte vitrée renvoie les images de la rue, de sorte que par un jeu de glaces, le chœur semble être plein de gens pressés et d'omnibus...

Un peu plus haut, à l'intersection de Cedar Street et de Broadway, il faut s'arrêter encore. A cet endroit, d'ouest en est, l'œil peut prendre tout Manhattan en enfilade et de chaque côté apercevoir les docks ; on saisit d'un coup l'extrême étroitesse de cette fin de l'île. Plus haut, une autre vieille église, la chapelle Saint-Paul, copie de ce charmant Saint-Martin-des-Prés, nous rappelle Londres.

Un nouvel arrêt au coin de Fulton Street permet d'embrasser dans toute sa hauteur celui qui fut si longtemps le roi des gratte-ciel new-yorkais, le *Woolworth Building* et sa tour gothique. Le Woolworth est une sorte de cathédrale pour gens d'affaires, avec soixante étages de bureaux. Il date de l'époque où les Américains avaient honte de leurs constructions et s'efforçaient de les cacher sous des revêtements compliqués et sous des allusions aux époques anciennes. A ce titre, il est d'un style de transition. Construite par le roi des bazars, cette tour Eiffel de New York est la joie des étrangers et des provinciaux ; dès que nous avons pénétré dans le hall de marbre et de granit poli, de jeunes amazones en livrée amarante ouvrent la porte en cuivre lisse d'un coffre-fort qui se trouve être un des vingt-huit ascenseurs. Ce chemin de fer vertical, en moins d'une minute, me dépose au cinquante-sixième étage ; New York apparaît ici comme cette ville miniature que le roi de Siam s'amusait à édifier au centre de ses jardins. Aveuglé par l'Atlantique ensoleillé, je me trouve en plein ciel, à une hauteur telle qu'il me semble que je devrais voir l'Europe ; le vent me gifle, s'acharne sur mes vêtements ; près de moi des amoureux s'embrassent, des Japonais rient, des Allemands achètent des vues ; comment écrire de si haut cette métropole en réduction : c'est de la topographie, de la triangulation, non de la littérature. Devant moi se déroule la rivière de l'Est enjambée par les ponts d'une souplesse métallique, qui retombent dans l'immensité informe de Brooklyn. En bas, ces surfaces planes, ces damiers ne sont pas les rues mais les terrasses des plus hautes maisons, surmontées de tours pareilles à des contre-

marches, vrais paliers où souvent se reposent les
nuages ; les cheminées sont remplacées par les réservoirs à eau que, dans les gratte-ciel les plus récents,
des coupoles dissimulent. Fumées, vapeurs, couron-
nent chaque sommet, plume au cimier d'un casque.
Des yeux, je descends le long de ces rangées d'al-
véoles, de ces accumulateurs de verre, de ces conden-
sateurs d'énergie, au bas desquels la petite chenille
jaune du tramway s'avance sur deux fils métalliques.
Au-dessus, dans le ciel éclatant et pur d'hiver, la Ville
Moyenne dresse ses cages carrées, au-delà des vieux
quartiers à maisons basses, couleur grenat, bistre,
sang séché. Je distingue à peine au loin la coupole
dorée de la gare du Great Central, le Paramount et son
globe terrestre, la Tour du Ritz ; le plan de New York
se lit d'ici aisément : simplicité de ce grillage énorme,
où les avenues sont ensoleillées et les rues transversales pleines d'une ombre bleue et glacée. Je surmonte
mon vertige et me penche vers la rivière du Nord,
couleur d'acier — acier de Carnegie —, toute sillonnée
d'embarcations, et dont l'eau se perd au loin dans les
indécises fumées de cette cité de Vulcain qui a pris
naissance sur la rive de New Jersey. Voici Bayonne, la
ville bâtie par les Rockefeller pour raffiner leur
pétrole. Par-dessus les maisons de l'Ouest dominent
les cheminées des grands paquebots. Les photographies aériennes de cette pointe de New York sont
d'une extraordinaire beauté ; loin d'avoir la sécheresse
des cartes, elles montrent Manhattan dans son cadre
d'eau, rayé de hachures, orné par les lignes perpendiculaires de ces docks, qui l'entourent comme les
rayons d'une gloire... A nouveau, les portes des
coffres-forts se referment sur moi, silencieuses. L'ascenseur se laisse tomber, amortit sa chute sur des
coussins d'air comprimé qui gémissent sous la pres-
sion ; les oreilles bourdonnantes, me voici rejeté dans

cette foule qui coule au fond de Broadway. Levant la
tête, j'essaie de repérer l'endroit où je me trouvais
l'instant d'avant, mais je ne vois que des monuments
obliques qui glissent en arrière et perdent leur
aplomb.

Broadway s'élargit maintenant en un square harmonieux, au centre duquel l'on découvre un délicieux
palais dans le goût Louis XVI, *City Hall Park*. Les
gratte-ciel eux-mêmes ne sont hauts que par contraste,
et pour mieux comprendre l'élan sauvage du
Woolworth Building, il faut situer au premier plan
cette petite résidence dont les fenêtres, ce soir,
s'empourprent. Ce n'est pas du faux Louis XVI,
comme le Woolworth est du faux gothique. City Hall
fut construit tout au début du XIXe siècle par Joseph
Mangin, architecte français, associé à l'Écossais Mac
Comb (le Français était évidemment l'artiste et l'autre, l'entrepreneur, car ce hall est d'un goût si pur
qu'il ne peut être que de chez nous). New York peut
rire à son tour de notre Hôtel de Ville parisien, en
fausse Renaissance. City Hall, qui est la troisième
mairie de New York, possède de grands souvenirs
historiques ; — c'est ici que Lafayette fut reçu triom-
phalement et qu'un peuple défila devant le cadavre de
Lincoln, assassiné. Le style en est authentique, depuis
la courbure des voûtes, la grâce des colonnes, les
proportions de la coupole, la nudité antique du
vestibule, le classicisme de la rotonde, jusqu'aux
galeries où les effigies des premiers magistrats de New
York contemplent le visiteur avec une majesté de lord-
mayors anglais. Au second étage, l'appartement du
gouverneur a encore son mobilier ancien, acajous de
l'époque coloniale et argenteries du XVIIIe siècle ; on y
voit la table et le fauteuil à écrire de Washington :
l'ensemble a un parfum de bonne époque, une tenue
silencieuse, une odeur de tradition qui ne sont pas le

privilège habituel des municipalités. City Hall se
trouvait, quand il fut édifié, à l'extrémité nord de la
ville. Conçu comme une toile de fond, on négligea
l'envers : c'est pourquoi l'arrière qui devrait être
aujourd'hui la façade principale n'est qu'en briques.

C'est au dos de City Hall que le projet Noyes-
Schulte prévoit pour l'an prochain un gratte-ciel de
cent cinquante étages, avec plate-forme pour avions.
Alors sera réalisé le vœu le plus cher des Américains :
dépasser la tour Eiffel. Depuis 1889, la tour Eiffel est
considérée par eux comme un défi.

Il est temps de déjeuner. Les rues se remplissent à
nouveau. A New York, personne ne rentre chez soi au
milieu de la journée : on mange sur place, soit dans les
bureaux, tout en travaillant, soit dans les clubs, soit
dans les *cafeterias*. Beaucoup de maisons ont leur
coopérative. Les banquiers prennent un léger repas
dans les appartements privés qu'ils se réservent derrière leurs comptoirs. A chaque pas, ce sont des *grills*,
des *chop-houses*, et des restaurants nommés *exchange-
buffets*, où chacun déclare en sortant son addition,
sans aucun contrôle. Dans les bouillons populaires,
des milliers d'êtres alignés dévorent, chapeau sur la
tête, sur un seul rang, comme à l'étable, des nourri-
tures d'ailleurs fraîches et appétissantes, pour des prix
inférieurs aux nôtres. Ils foncent sur leurs assiettes
pleines de boules de viande ; derrière eux, on attend
leur place. Dans les bars automatiques il m'est arrivé
fréquemment de déjeuner pour une dizaine de francs,
d'une très belle tranche de jambon chaud au maïs, de
fraises à la crème fouettée, d'une pâtisserie viennoise
et d'un excellent café grillé à l'américaine. Aimons ces
bars avec leurs appareils à rendre la monnaie de
nickel, la promenade de chacun avec son plateau, les
bousculades, le potage qu'on reçoit dans le cou, le
sourire des soubrettes, blondes infirmières, la pré-

sence de toutes ces gens de la rue : le policeman, qui vient de terminer son service, posant sur la table sa massue désormais inutile, le jeune végétarien timide qui ressemble à Lindbergh, la négresse aussi vernie que ses souliers et la dactylo à qui son patron n'a pas encore donné des perles ; j'ai un grand faible pour les Américains du peuple, ce sont les plus gentils.

Il y a aussi dans la Ville Basse de vieux restaurants renommmés : *Taupier,* avec ses garçons habillés de tabliers blancs, à la française, *Savarin* et surtout *Fraunce's Tavern.* Cette taverne est une des dernières maisons anciennes du quartier ; avec ses murailles à briques rouges et son portique de bois crème, on dirait quelque résidence Adams, à Londres. C'est là que Washingon prit congé de ses officiers, au lendemain de l'évacuation de New York par les troupes anglaises. Fraunce's Tavern, malgré le portier à perruque en habit du XVIIIe siècle, est sincère. Les pièces en sont basses et boisées, l'argenterie coloniale brille sur les dessertes et au premier étage un musée, entretenu avec piété par la Société des Fils de la Révolution, montre orgueilleusement des meubles d'époque, une antique cheminée ornée de drapeaux confédérés en faisceaux.

De Fraunce's Tavern, je remonte Broad Street et m'arrête au coin d'Exchange Place. Voici le centre mondial de l'agio.

Tout est étroit et obscur. Les voitures ont cédé la chaussée de bois aux piétons. J'aperçois devant moi, de biais, un temple grec qui se découpe en sombre sur l'acropole coupante, profilée, d'un gratte-ciel : c'est le *Subtreasury,* l'ancienne Douane, jadis Federal Hall, où Washington, dont voici la statue, fut élu premier président des États-Unis. La foule est telle que la rue tout entière a l'air de marcher. Sur ma gauche, au fond d'un couloir, on entrevoit, cette fois-ci par le travers,

le clocher délicat de Trinity Church qui résiste de son
mieux à l'écrasement des buildings dont les masses se
referment sur lui. Sous mes pieds, se trouve toute la
réserve d'or du monde. Les banques s'assoient dessus
et couvent ces écus comme une poule ses œufs. Vieil
or pur envoyé du Mexique et de Colombie par galions
en Espagne, d'où il passa dans la poche des Hollandais, n'en sortant que pour rentrer dans les coffres
anglais ; après un séjour d'un siècle dans le bas de laine
des paysans français, il a retraversé l'Atlantique. Les
effigies seules changent, mais la matière demeure. Ce
ne sera sans doute pas le dernier voyage de cet
insaisissable métal, bien qu'il soit protégé ici par des
portes d'acier de vingt tonnes et, comme les trésors
des dragons, par des fumées lacrymogènes et des jets
de vapeur chaude.

C'est l'heure de Wall Street. Je presse le pas
longeant l'Equitable Trust et cette petite maison de
marbre blanc qui n'est autre que la banque Morgan —
jadis Morgan, Drexel et C° ; des détectives la surveille,
depuis qu'en 1920 une voiture chargée de dynamite lui
éclata au nez.

Une nation dont la fortune a passé de quatre-vingt-
huit millions à trois cent cinquante milliards de dollars
en moins de trente ans doit bien mettre son argent
quelque part : le voici.

La Bourse de New York n'est pas un édifice
majestueux, appartenant à l'État ; elle n'occupe que
les étages inférieurs d'un building ordinaire dont le
reste est loué à des bureaux privés. Dans l'ascenseur,
j'essaie de trouver une place parmi des gens qui ont les
bras et les poches pleins de titres, et je m'arrête au
vingt-deuxième palier, aux bureaux de la seule maison
de coulisse française auprès du Stock Exchange. A. de
S. P. m'attend dans son bureau, en plein ciel ;
l'Atlantique et l'Hudson forment un beau fond au

visage énergique de ce jeune homme d'affaires ; dans
une pièce voisine, j'entrevois des gens assis dans des
fauteuils et qui surveillent un tableau pareil à ceux qui
indiquent la position des équipes à la pelote basque,
où se chiffrent en blanc et rouge le flux et le reflux des
valeurs. Nous grimpons deux étages encore et me
voici dans un central d'armée pendant la bataille. Tout
un personnel haletant, suant, en manches de chemise,
s'empresse à sa besogne, hommes casqués reliés au
plafond par des fils qui leur entrent dans les oreilles,
retenus au plancher par des tubes recourbés qui leur
entrent dans la bouche, une main au télégraphe tandis
que de l'autre, ils inscrivent des zéros sur de gros
registres, ainsi que le signe du dollar, ce serpent qui se
tord autour d'un bâton.

— Voyez, me dit S. P., les ordres affluent de Berlin
et de Paris ; il y a encore de l'argent dans la vieille
Europe !...

... Cent United Steel...

... Mille Coty...

... Dix mille Canadian Pacific...

Les Bourses d'Europe n'ont pas connu ces dernières
années la progression régulière et formidable de celle
de New York ; aussi, nos capitaux, dès qu'ils ont pu
sortir, sont-ils venus chercher l'or où il est.

— En six minutes, nous recevons un ordre de Paris
ou même de la province française, et la valeur est
achetée à New York. Nous n'en recommandons
aucune, nous ne sommes pas des banquiers mais des
serviteurs rapides du public, une simple maison de
coulisse.

Dans une autre pièce s'opèrent les transferts. Tous
les titres, au Stock Exchange, sont nominatifs et
livrables chaque jour ; aussi, avec l'accroissement de la
spéculation, le travail est-il devenu formidable ; on ne
construit pas assez vite et le prix des loyers a doublé en

peu de temps ; il y a maintenant des équipes du dimanche et de la nuit. La Ville Basse qui, avant la guerre, était plongée, à partir de sept heures du soir, dans l'obscurité, est éclairée désormais jusqu'au matin.

Nous retombons d'une vingtaine d'étages dans les couloirs, nous croisons un flot de secrétaires excitées, une tempête de messagers, un cyclone de chasseurs, un ouragan d'intermédiaires qui se précipitent tête nue, en veston noir et pantalon rayé, comme à Londres, tandis que, parmi eux, je reconnais, pour les avoir vus si souvent caricaturés, quelques types de vieux hommes d'affaires à guêtres blanches, avec l'œillet passé au revers de l'habit... (porter la boutonnière trop jeune vous déconsidère dans la Ville Basse...). Chacun se murmure à l'oreille des *tips*, se passe des tuyaux.

— Avant huit jours ce sera à 180...

— Si j'avais su !

L'on me cite des noms célèbres. Ces gens-là tiennent-ils entre leurs mains ma fortune ? Au moment où je vais les questionner, ils prennent les devants et me demandent :

— Quelle est votre impression du marché, monsieur ?...

Lord Rothermere compare Wall Street à une immense pompe aspirante qui est en train d'avaler les capitaux du monde et d'assécher l'Europe. Je descends en voir fonctionner les machines.

Me voici accoudé à la tribune du premier étage, d'où je distingue maintenant une fourmilière en travail ; c'est le sanctuaire du temple, la gare de l'argent, le terminus de la fortune. Les neuf agents de change ou *stock-brokers* qui, à la fin du XVIIIᵉ siècle, avaient coutume de se réunir sous un arbre et qui formèrent le premier noyau du Stock Exchange, sont

aujourd'hui onze cents. Les grands hommes d'État
dont le génie sut concentrer ici le marché des capitaux
américains furent Hamilton et Jay ; avec la Banque de
New York, en 1784, la fortune de la ville était faite.
J'entends le bruit sourd, inquiétant de tous ces dollars
d'argent qui roulent, font de gros tas blancs comme
des hosties et s'engloutissent d'une poche dans une
autre, en une seconde. Aux murs, de noirs tableaux
d'affichage reliés à des fils électriques, laissent tomber
avec un déclic de guillotine des volets, découvrant
chaque fois un nombre qui est celui d'un agent de
change. Paul Adam, dans ses notes sur l'Amérique, a
parlé lyriquement de « ces chiffres qui brillent un
instant sur l'altitude de la muraille, comme durent
briller à Babylone le Mane, Thecel, Pharès dont
s'épouvanta Balthazar le prophète... » Ces chiffres
n'ont rien en soi d'épouvantable puisqu'ils ne sont
qu'un numéro d'appel. Aussitôt qu'un ordre d'achat
arrive à une banque, elle le transmet à son représentant en Bourse qui possède un box, ici même, sur les
bas-côtés et n'a pas le droit de quitter le poste
téléphonique qui lui est affecté. Un million de coups
de téléphone se donnent par séance. Le représentant
ne peut qu'avertir un agent de change en l'appelant,
comme on l'a vu, par son numéro et lui transmettre
l'ordre. L'agent va aussitôt se placer à l'endroit où l'on
vend la valeur ; il consulte les cours et dit son prix ; le
vendeur lui répond : « Prenez *(take it)* » et, sans autre
procédure, sans l'échange d'aucun papier, sans qu'il y
ait jamais d'erreur malgré les hurlements et la confusion des ordres donnés, des sommes fabuleuses passent de main en main. Le sol est jonché de feuilles de
couleur, comme un champ de courses. A cette litière
d'ordres jetés viennent s'ajouter les serpentins dérou-
lés du *ticker,* indiquant les cotes ; assaut des titres en
vedette, *General Motors* au poste 5, *United Steel* au

poste 2, *Radio* au poste 20. C'est un halètement de vendeurs d'actions, une palpitation de propriétaires de métaux précieux, derrière lesquels l'on sent l'attention passionnée de l'univers, qui spécule ici. Les milliardaires dans leurs trains spéciaux ou dans leurs yachts, les touristes dans les transatlantiques, le petit peuple dans les quarante-huit États de l'Union, les dames dans les grands hôtels de la Ville Haute, entre les plats du déjeuner, les gros joueurs dans les clubs, installés au fond de leur fauteuil, tous sont, en ce moment, occupés à passer des ordres (en moins d'une minute un achat, en Californie, est exécuté à New York). Seuls les garçons en uniforme gris semblent garder leur calme.

Depuis quelques années, l'homme de la rue a été gagné par l'attrait de l'argent facile, le prestige du tuyau ; il lui fallait bien payer toutes ces choses inutiles et coûteuses qu'on lui faisait acheter à tempérament ; chacun s'est mis à jouer, à terme, naturellement, avec beaucoup moins de capitaux que chez nous, car si l'argent est plus cher, les provisions exigées sont moindres ; aussi les dactylos ont-elles leur agent de change et les policemen font-ils leurs reports chaque quinzaine. Cela commença en 1916, lorsque les sociétés de munitions connurent des bénéfices inouïs ; cela continua après l'armistice, avec les plus-values des fonds d'État ; depuis lors, le New-Yorkais n'a cessé de jouer ; les renseignements, les bruits de coulisse traversent la ville en quelques heures et les journées où sont échangés six millions de titres ne sont plus rares. La Federal Reserve Bank s'en émeut, et, périodiquement, resserre les crédits. Les grands rois de la Bourse d'hier, les Gould, les Fisk, les Carnegie, les Harriman, ne sont plus... C'est désormais l'immensité anonyme des petits porteurs. On leur a tant répété : « Votre compte en banque est votre meilleur ami », qu'ils le croient ; ils ont vu la Radio monter de 40 à 400 ; ils ont pris goût à cette partie où, jusqu'à ces derniers temps, il n'y avait pas de perdants. La crise de la fin 1929 n'avait pas de causes économiques profondes ; ce ne fut qu'une immense panique collective de Wall Street.

Le déclic fatal continue à se faire entendre, tandis qu'oscille le taux de l'argent, du *callmoney* tentateur, toujours prêt à être livré contre garantie à six, huit et même dernièrement douze et vingt pour cent. Ainsi se poursuit chaque jour, entre dix heures et trois heures, cette bataille quotidienne des baissiers et des haussiers, ou, comme l'on dit en argot de Bourse, le combat des « ours » et des « taureaux ».

Le coup de gong final retentit. Le tumulte s'apaise. Aussitôt, les grands chefs quittent le champ de bataille, sautent dans le métro encore vide où, deux heures plus tard, à leur tour les gens de la rue liront avidement la page des chiffres... Cette ligne souterraine comporte des express qui brûlent la plupart des stations, et ne s'arrêtent qu'une ou deux fois avant la banlieue ; là, des automobiles, des canots d'acajou rapides, attendent, prêts à emmener en pleine campagne les financiers épuisés... Le soir tombe. Les gratte-ciel, ces pressoirs à hommes, se vident de toute une humanité fatiguée. Le classement vertical des individus va faire place maintenant, pour la nuit, à un nouveau rangement horizontal. Les portes-tambour, au bas des immeubles, tournent comme des roues folles dont chaque aube jette sur le trottoir des êtres humains : jolies secrétaires en peau de bique, très fardées, commis, hommes de peine, sténographes avec leurs fausses perles. En Europe, il n'y a pas de foules. Il faut aller en Asie ou venir ici pour palper ce courant d'air, ce monstre compressible, anonyme, lâche et tendre, demandant la mort d'un boxeur noir, se

roulant d'amour devant le cercueil de Valentino,
pleurant un père devant celui de Lincoln, accueillant
un fiancé dans Lindbergh. Le flot remonte Broadway,
inonde Brooklyn Bridge, envahit l'L', c'est-à-dire
l'*Elevated*, le chemin de fer aérien, noie les souterrains
du métro. Puis un ordre individuel succède à ce
désordre momentané : les uns s'arrêtent au transpa-
rent des journaux où les nouvelles mobiles annoncent
que Trotsky va habiter Monte-Carlo, s'attroupent
autour des éditions spéciales qui s'amoncellent au coin
des rues, se dirigent vers le repos de la banlieue, vers
le cottage ou le bungalow avec sa radio sur le toit et ses
fleurs artificielles, vers le souper à l'Y.M.C.A., tandis
que les autres se laissent aspirer par le grand halo
lumineux des cinémas et des théâtres de la Ville
Moyenne.

Me voici revenu à la Batterie. Mais au lieu de piquer
droit vers le nord par Broadway, je côtoie cette fois-ci
la Rivière de l'Est. C'est à South Street, au bord de
l'eau, que s'élevaient les premières maisons hollandaises dont il ne reste plus trace. Tout appartient aux
East Side docks, le port des tropiques. Les paquebots
des Antilles et de l'Amérique du Sud, ceux qu'on
nomme les Indiens occidentaux, partent d'ici et aussi
les bateaux frétés pour les hivernages de luxe et les
croisières en mers chaudes. Ces bateaux, à la cheminée
losangée de rouge, à la coque d'émail blanc, pareils à
des fourneaux de cuisine américains, c'est la flotte
fruitière de l'*Atlantic Fruit C°*. Des camions s'en
éloignent, chargés de régimes de bananes vertes qui
arrivent de la Jamaïque. Le soir, ces quais sont déserts
et obscurs, sauf quelques boutiques d'équipement
maritime — les mêmes dans tous les ports, de
Shanghai à Rouen —, bottes en caoutchouc pour laver
les ponts, cordages roulés comme des nattes de

backfish, chemises kaki et canadiennes en peau de
mouton. Près d'un de ces wagons sans roues où l'on
peut boire un café toute la nuit, les gardiens se
chauffent avec les débris de vieilles barques impré-
gnées de sel et de goudron, dont l'odeur se mêle à celle
des ananas fermentés. Ici se trouvent de petits bars
antillais où l'on ne parle qu'espagnol et où l'on vous
sert, sans qu'il soit besoin d'insister beaucoup, un
verre de rhum blanc d'Haïti.

Je traverse *Maiden Lane*, la ruelle qui, par sa
courbure, rappelle encore le vieux canal où les filles
hollandaises, jadis, frappaient leur linge. Cette rue fut
pendant deux siècles et est encore partiellement, le
centre d'affaires des diamantaires. J'aperçois, transportés dans la glace et visibles comme dans leurs
cercueils de verre les Espagnols, de grands saumons
qui arrivent au vieux marché aux poissons, *Fulton
Marker*, un des spectacles d'abondance de cette cité,
qui en donne tant.

Je pense à vous, marché aux poissons de Marseille
où Cuvier découvrit les principes de son histoire
naturelle, marché d'Alger creusé dans le roc, où la
glace est remplacée par des algues fraîches et parfu-
mées, marché aux rascasses de Toulon, sous la
colonnade à l'antique de Puget, ventes à la criée du
dimanche matin, à Hambourg, marché de Gênes
éclatant de ses rougets et de ses dorades... Quant à
celui de New York, on dirait un musée océanographi-
que : du Pôle à l'Équateur, des écailles pâles aux
écailles coloriées, on trouve les poissons de toutes les
latitudes à Fulton Market ; ils arrivent du golfe du
Mexique avec leurs yeux énormes et leurs piquants,
par l'express de Key West, si écarlates qu'ils semblent
avoir cuit dans le Gulf Steam ; du Pacifique et de
Colombie britannique, à travers le Canada, par frigorifique ; et ceux d'eau douce, fades et gras, des pêche-

ries des Grands Lacs. New York s'en met vingt trains
par jour dans le ventre.

Les ponts !
Ponts de Brooklyn, de Manhattan, de Williamsburg
et de Queensboro... Il est difficile de parler du pont de
Brooklyn, le plus ancien de ceux de Manhattan, sans
succomber à un accès de lyrisme. J'aime à y accéder à
pied, à la tombée de la nuit, après en avoir suivi les
butées, le long de Lower Madison Street, en bas de ces
culées immenses, de ces maçonneries aveugles pareilles aux aqueducs de la campagne romaine. Cette arche
unique emporte sur son dos, dans son filet de fer,
quatre chaussées, deux pour les autos et deux pour les
camions. Ces rues aériennes sont séparées par une
double voie ferrée, où circulent les trains et les
tramways. Par-dessus le tout s'élance, en plein ciel,
une large route pour les piétons. Brooklyn Bridge a
aussi sa beauté intérieure : c'est son rythme de
trémolo, c'est sa flexibilité dans la force ; tout le trafic
de New York y passe, le matin ou le soir, et le fait
vibrer comme une lyre. Un pont n'est qu'un cadre
vide. Certains gâtent les paysages, les bouchent, les
scalpent ; d'autres, comme celui-ci, les rend à eux-
mêmes ; il commande la perspective et fixe d'une
touche profonde et noire la brume indécise des
lointains noyés dans l'ombre, entre ses filets d'acier.
Il faut plusieurs mois pour comprendre la grandeur
délayée d'humidité de Londres ; il faut plusieurs
semaines pour subir le charme sec de Paris, mais
faites-vous mener au centre de Brooklyn Bridge, au
crépuscule, et en quinze secondes vous aurez compris
New York. D'abord on ne voit rien, on est perdu dans
un entrecroisement de charpentes, de tringles, de
câbles dilatés par le soleil de l'après-midi. Huysmans,
dans son célèbre article sur l'esthétique du fer, si

méprisant pour l'art nouveau, n'aurait pu, ici comme
devant la tour Eiffel, que « lever les épaules devant
cette gloire du fil de fer et de la plaque, devant cette
apothéose de la pile de viaduc, du tablier de pont ».
Aimons, au contraire, cette immense charnière qui
unit deux rives. Sous nos pieds, c'est le vide, la rivière
qui, à quarante mètres plus bas, se laisse refouler par
la mer. Au fond, la Liberté dans un brouillard pareil à
un plumage des tropiques, de son bras dressé, appelle
au secours. Le soleil, maintenant, a disparu, écrasant
l'Empire Céleste de Mott Street, l'Italie de Canal
Street, l'ancienne Hollande de Maiden Lane, toutes
civilisations inférieures qui rampent respectueuse-
ment aux pieds de l'Argent ; les gratte-ciel s'élèvent,
sur une ligne ; pareils à des lamaseries, dans un Lhassa
inexpugnable, ils prennent une hauteur qu'ils n'ont
pas, même lorsqu'ils sont vus de l'Hudson. C'est à
pied qu'il faut traverser Brooklyn Bridge. Arrivé à mi-
chemin, je m'arrête à l'entrée de cette ogive noire qui
en soutient la superstructure ; en dessous, à travers
des cages carrées suspendues dans le vide, les express
doublent, avec un vacarme infernal, les tramways
rouges qui crépitent d'étincelles vertes. Un moment
de calme d'un deux centième de seconde, puis cela
recommence. Froissement de fleurets pendant l'assaut. D'un coup, sur cinquante étages, l'électricité
s'allume ; aussitôt la Ville Basse n'a plus d'épaisseur,
trouée de feux comme sur les vues d'optique derrière
lesquelles on promène une bougie. Les lignes disparaissent ; plus de murs, plus de pleins, plus de reliefs ;
tous les gratte-ciel réunis, simplifiés, ressemblent à un
grand incendie carré et quadrillé qu'attise le vent de la
haute mer. La lune n'a plus la parole. Ces tours de
cathédrale dans lesquelles le diable aurait mis le feu
sont un mirage issu d'un monde fantastique, qui
apparaît non éternel, mais hors du temps. « Magnifi-

que mais non convaincant », dirait Claudel, qui se sert volontiers du mot *unconvincing*, plus fort encore.

De l'autre côté du pont, c'est Brooklyn, quatrième ville des États-Unis, grande cité anonyme, femme de peine, servante de New York qui l'habille, le nourrit, fait son pain. Brooklyn, dont le gonflement prodigieux date de la guerre, étend sur des kilomètres deux rues, bordées de maisons toutes semblables ; Whitman le chanta il y a près d'un siècle, à sa naissance, Whitman qui, en 1846, travaillait non loin d'ici au *Brooklyn Daily Eagle* [1].

Alors il écrivait :

« *Flux au-dessous de moi ! Je te vois face à face,*
Nuages de l'ouest, soleil là-bas d'une demi-heure encore,
Je vous vois aussi face à face,
Foules d'hommes et de femmes, vêtus de l'habit de tous les
                                                          [jours,
Combien vous m'êtes curieux !... et vous qui passerez de
                                                    [rêve en rêve
Dans des années d'ici... »

Brooklin, type de la banlieue moderne américaine, bâtie à crédit, une « ville sur papier », comme ils disent, faite de ces milliers de homes américains suspendus dans le vide par un fil de téléphone où, fuyant au lever du jour, n'y revenant que pour dormir, les gens habitent si peu qu'ils ne laissent aucune empreinte et qu'ils semblent loger dans une abstraction, une idée de logis. Brooklyn, ville italienne et suédoise, juive surtout (90 000 israélites) anonyme, et

1. Au coin de Fulton et de Granbery Street, on cherche en vain la petite imprimerie où, tout l'été de 1855, le poète imprimait *Feuilles d'herbes*. Il y a des gratte-ciel à la place des bungalows de bois qu'il construisait de ses mains à la pour les vendre ensuite. (Note de l'auteur.)

d'où un nom seul s'élève, celui des sœurs Rosinsky, dites Dolly Sisters.

Lorsqu'on arrive d'Europe, la nuit, bien avant Sandy Hook, on aperçoit sur la droite une lueur rouge, précédant de loin celle de New York : *Coney Island*. C'est là qu'il faut voir le New York d'été. Au bord de l'Atlantique, les flots sont des jouets des hommes. Ce fut pendant longtemps la plage élégante. D'anciennes gravures montrent des messieurs en chapeau haut de forme et à favoris s'y faisant détrousser aux dés par des gars en casquette ; des baigneurs au pantalon relevé, le torse nu, coiffés d'un chapeau melon, la barbe en collier ou en pointe, se risquent dans l'eau jusqu'à mi-jambes, tandis que, sur des bancs, des dames en crinoline et en cachemire regardent tourner les roues à aubes des blancs *ferry boats*, que le jeune monsieur Fulton a mis à la mode.

Ce vieux Conynge Hook des Hollandais, la doyenne des plages américaines, appartient maintenant au peuple. Peuple de New York, c'est-à-dire maçons italiens, forgerons allemands, tailleurs galiciens, marchands de casquettes venus de Pest, opticiens d'Amsterdam, fourreurs d'Odessa. C'est à la fois Trouville, Juan-les-Pins, Luna-Park et la foire de Neuilly.

L'hiver, je ne connais rien de plus triste que Coney Island. Il faut traverser Brooklyn (d'où l'on a une si belle vue sur New York, la nuit), et son immensité anonyme, peuplée et endormie comme un cimetière, pour atteindre la plage. Toutes les boutiques sont fermées, sauf quelques vieux wagons sans roues, engravés dans le sable, à l'intérieur desquels les noctambules viennent manger des palourdes, des *clams*. Mais l'été, le métro débouche tout à coup au centre d'un soleil nocturne qui ne s'éteint qu'avec l'aube. Des gratte-ciel viennent boire à la grande tasse.

A côté du vaste océan, flottent de petits océans
d'odeurs, fritures italiennes, sauces anglaises, *hambur-
gers* et saucisses allemandes, charcuterie kasher pour
cette immense population juive de Brooklyn, auquel
est venu s'annexer Coney Island ; parfums ammonia-
caux des crevettes, des huîtres et de ces crabes à
carapace molle dont les Américains sont si friands.
Parmi les mâcheurs de gomme en bras de chemise,
parmi les bootleggers italiens, entre deux bandes
rivales de Chinois, c'est toute une foule foraine,
composée de nains, de pitres, de femmes à barbe,
d'androgynes, de photographes et de maîtres nageurs.
Ce carnaval perpétuel est dominé par les cris des
dactylos fardées qui tombent du haut des plus terri-
fiantes montagnes russes qui soient au monde, quand,
avec un fracas épouvantable, le chariot part s'écraser
au fond des abîmes, pour, juste à temps, remonter au-
dessus de l'Atlantique. Les orgues électriques, qui
nasillent avec l'accent yankee, dominent ces sables où
les Américains nus, pareils à des réprouvés de primitifs, viennent chercher le repos.

On pense alors avec envie aux grandes dunes
désertiques des côtes de Mauritanie, aux rivages de
nacre pilée des criques océaniennes ou simplement
aux belles grèves françaises encore vacantes, comme
celles des Landes ou de Vendée ; seront-elles un jour,
si l'hygiène et la natalité continuent leur bienfaisance
terrible, encrassées à leur tour par une population
pareille ? Les plages du Danube, celles des lacs au
bord de Berlin, celles de Chicago elles-mêmes, ne sont
rien à côté de ce mardi gras en costumes de bains, où
les masques et les bergamasques sont remplacés par
des appareils à sous, par des marchands de sucre
candi, par des vaches en papier mâché, qui, sans
qu'on ait besoin de les traire, vous remplissent de
leurs pis raides, un grand verre de lait glacé, et par des

nègres descendus de Harlem, transportés du seul plaisir d'être nombreux. Ces milliers d'êtres sont là, au bord de l'océan, géhenne puérile, heureux d'exister, attendant la fraîcheur de la nuit, dans l'étuve atlantique, dans la lessive nocturne de juillet, tandis que les éventails des projecteurs de Brooklyn apaisent le ciel.

A travers les parcs immenses de Brooklyn, des milliers d'autos sont rangées dans l'obscurité, pleines de couples préparant à l'Amérique des générations futures... Whitman les a devinées.

> « *Enfants d'Adam*
> *attendant des moissons d'amour,*
> *se reproduisant par greffe,*
> *eux-mêmes d'anciennes greffes,*
> *greffe de l'Amérique... »*

En repassant le pont, je vois se trouer de lumières horizontales et incurvées la carène des paquebots de l'Amérique du Sud, qui dockent sous moi. Brooklyn Bridge s'amarre ici. Grâce à lui, New York implante ses crochets sur cette rive opposée qui tentait de lui échapper. C'est ainsi qu'en attendant de s'annexer par des passerelles Staaten Island et New Jersey, Manhattan, après avoir enfoncé ses ponts dans le roc, les lance par-dessus l'eau comme des scions qui lui permettent de reprendre racine de l'autre côté du fleuve.

Permis de séjour.

Une odeur étrange me monte au nez : c'est que, quittant Brooklyn Bridge et laissant la rivière s'infléchir vers le nord, je viens d'entrer dans le New York des étrangers. Cette odeur, c'est celle du *melting pot*, poncif célèbre. Dans cette marmite flottent de bien étranges reliefs que la cuisson n'a pas encore réussi à dissoudre ; une graisse souvent nauséabonde stagne en surface. Pour désigner ses métèques, l'argot américain a mille nuances ; les Italiens sont surnommés *dagoes*, *wops* ou *guineas*; les Juifs, *yids* ou *sheenies*; les Hongrois, *hunkies*; les Chinois, *chinks*; les Mexicains, *greasers*; les Allemands, *choucroutes*; les Français, *Frenchies* ou *frogs* (grenouilles). C'est le district de la Bouverie, *the Bowery*. Ce quartier des anciennes fermes hollandaises eut fort mauvaise réputation jusqu'à la fin du XVIIIᵉ siècle, jusqu'à ce que de nouvelles artères (surtout Canal Street, dans le prolongement de Manhattan Bridge) eussent amené un peu d'air, de lumière et d'ordre social dans ce que les missions religieuses qui y pourchassaient le vice nommaient volontiers un endroit de perdition, *a place of wickedness*. Plus de dollars, d'ascenseurs ni de gratte-ciel : la misère, la saleté et les maisons rouge sang à deux ou trois étages, avec des courettes qu'il serait plus juste de nommer des puits d'aération et des escaliers de sûreté en fer qui servent surtout à étendre le linge. Le charmant chemin rural bordé de tavernes qui jadis, après les abattoirs, s'ouvrait tout à coup sur la campagne et par lequel Washington fit sa rentrée dans New York derrière les troupes anglaises, n'existe plus. Sur ses traces, le chemin de fer aérien passe, avec un noir fracas, à la hauteur des premiers étages, et fait la nuit en plein jour sur les chaussées. A midi, au soleil, quelques blancs rayons traversent la charpente métallique et font penser aux souks de Fez, où le soleil tamisé n'arrive qu'à grand-peine à percer l'épaisseur des vignes.

En réalité, on ne commet plus de crimes à la Bowery. Les crimes new-yorkais d'aujourd'hui ce sont, ou des batailles rangées de bootleggers dans les docks de l'Ouest, au pied des grands transatlantiques, ou les attaques à main armée des bijouteries dans les quartiers riches. Pendant tout le XVIIIᵉ siècle et jusqu'à la fin du XIXe, les mauvais garçons étaient considérés comme les maîtres du quartier. Que furent au juste ces apaches ? Un livre excellent d'Herbert Asbury (avec lexique d'argot criminel), *The Gangs of New York*, vient de nous l'apprendre. Les chefs de bande étaient des voleurs, des joueurs, des receleurs et des assassins, à la tête d'une importante et dévouée clientèle ; payés par les politiciens municipaux pour donner quand il le fallait un coup de pouce aux urnes, ils se savaient, le reste du temps, sûrs de l'impunité. Ils travaillaient en bandes (*gangs*), surtout pendant les émeutes et les incendies, et occupaient leurs loisirs à danser et à boire dans des caveaux (*dives*), ou à parier aux combats de coqs. Certains vauriens, dits rats de quai, avaient pour spécialité d'éventrer les marchandises fraîchement débarquées et de dévaliser les marins dans les mauvais lieux de South Street. Leurs méfaits atteignirent leur apogée pendant et au lendemain de la Guerre civile où, sous l'œil d'une police médiocre et d'une municipalité complaisante, ils détroussaient après les avoir endormis, — déjà — au chloral et à la morphine, les danseurs des Mabille voisins ; ils n'hésitaient pas à profaner les cimetières. Cela dura jusque vers 1910 ; alors la police, avec la brutalité qui lui est habituelle, procéda soudain à un nettoyage à coups de mitrailleuse, comme elle le fait à Chicago — ville qui ressemble encore beaucoup au New York de ces temps héroïques.

Maintenant, on vit au calme dans la Bowery. D'abord parce qu'il y a de la place pour tout le monde, ensuite parce que la population n'y est plus guère qu'étrangère et qu'habiter les États-Unis est devenu si enviable et si profitable qu'on se soucie peu d'en être expulsé. Mais le quartier a conservé un parfum de danger qui fait la fortune des écrivains de magazines. *Chatham Square* en est le centre, place aux maisons

anachroniques et au charmant vieux théâtre Thalia,
avec sa colonnade à l'antique, le plus vieux théâtre de
New York. On n'y vide plus de chopes, on n'y fait
plus sauter les dames au son de l'accordéon et les
balles de revolver ne passent plus en sifflant dans l'air,
à la porte des *saloons*. En 1866, l'évêque Simpsons
déclarait qu'il y avait à New York « autant de
prostituées que de méthodistes ». La prostitution du
trottoir n'existe plus depuis la guerre. L'électricité a
fini par remplacer le gaz, la prohibition a supprimé
l'ivresse officielle et le quartier, ayant cessé d'être
surpeuplé, sauf dans les rues juives, a perdu beaucoup
de son caractère. C'était dans la Bowery que s'entas-
saient au débarqué les nouveaux immigrants ; or, on
l'a vu, cette immigration de l'Europe centrale et
orientale, qui exporta pendant près d'un demi-siècle
son étrange population, a cessé. Le demi-million
d'hommes qui pénètrent actuellement aux États-Unis
sont des agriculteurs suédois, des paysans anglais sans
travail, munis d'un beau pedigree, des fermiers danois
avec toutes leurs dents, ou des Allemands du Nord
riches d'un petit pécule et d'une technique, qui sont
cueillis à leur arrivée et dirigés directement sur les
fermes de l'Ouest, à trois ou quatre jours de New
York, où la police veille à ce qu'ils demeurent. Aussi
les loyers ont-ils baissé de prix dans cette fraction de la
Ville Basse qui se cache derrière le quartier des
affaires. Ceux qui continuent à y habiter sont surtout
des survivants d'anciennes colonies de Chinois, de
Juifs, d'Italiens, de Hongrois. Rien ne sépare ces races
qui vivent à quelques mètres les unes des autres, mais
rien ne saurait les mélanger. Telle rue est juive russe,
telle autre sicilienne. Ce voyage autour du monde, à
l'intérieur d'une grande ville, est un des aspects les
plus captivants de Manhattan. Aujourd'hui que le
Paris d'après guerre est devenu, lui aussi, cosmopo-

lite, la surprise sera pour nous moins grande, mais il
reste étonnant de pouvoir se promener toute une
matinée sans jamais entendre l'idiome national.
L'écrivain roumain Konrad Bercovici s'est spécialisé
dans la description de ces quartiers étrangers. Il
montre comment les nations s'y sont regroupées telles
qu'elles existent sur la carte d'Europe ; les Portugais
voisinent avec les Espagnols et les Allemands avec les
Autrichiens. Dans cet étrange microcosme, on parle le
yiddish, le russe, le suédois, le polonais, l'espagnol, le
judéo-espagnol, le chinois du nord, du sud, l'italien, le
hongrois, le danois, le norvégien, l'allemand, le roumain, le grec et même le français, bafouillé par les
Juifs levantins ou roumains et les Syriens.

Mott, *Pell* et *Doyer's Streets* et, depuis peu, *Bayard
Street*, constituent le quartier chinois. Ce sont quatre
rues comme les autres, aussi sordides, mais si absolu-
ment orientales qu'on se croirait soudain à Canton.
Affiches verticales de laque rouge et noir, bazars à
kimonos et soieries d'exportation, ailerons de requins
ou gélatines séchées débités par de vieux marchands
en robe de soie bleue et chapeau melon, dans des
boutiques à boiseries dorées importées de Chine, rien
ne manque, même pas les missionnaires baptistes,
ornements de l'empire du Milieu... Ce qui fait défaut
pourtant, ce sont les femmes chinoises aux cheveux
laqués, trébuchant sur leurs moignons enveloppés de
feutre. La loi interdit en effet l'entrée de l'Amérique
aux femmes d'Asie et les Chinois en sont réduits à se
croiser avec des négresses antillaises, des Russes, des
Juives ou des Méditerranéennes. Cette pénurie de
femmes provoqua, à la fin du XIXe siècle, ces redoutables guerres de clans ou *tong-wars* qui contribuèrent
tant au mauvais renom du quartier ; c'était l'époque
des socques et des nattes dans le dos, les derniers jours
de l'Empire. Quelques Cantonnais étaient venus s'ins-

taller vers 1860 dans la Bowery, où ils prirent la place
d'immigrants allemands; longtemps ils y trafiquèrent
en paix, jouant aux osselets ainsi qu'à Macao, vendant
leur opium fort cher et passant de douces heures à
boire du thé vert au théâtre chinois, lorsque soudain
leurs sociétés secrètes, sortes de mutualités, les *tongs*,
se dressèrent les unes contre les autres, en d'interminables vendettas. On enrôla les bandits mexicains ou
italiens du voisinage, ceux qu'on nomme *thugs* ou
desperadoes. Aujourd'hui on les désigne d'un vieux
mot élisabéthain récemment exhumé, *racketeers*. Chaque homme « marqué » était aussitôt exécuté en
pleine rue (cela s'appelle en argot *a shooting affair*,
règlement de comptes au revolver); lorsque la police
arrivait, il ne restait que des cadavres sur le trottoir,
plus particulièrement à cet angle de Doyer's et de
Mott Streets encore surnommé le « coin sanglant ».
Derrière les comptoirs, des yeux bridés et des sou-
rires; jamais aucun des quatre-vingt mille membres de
la colonie chinoise ne parla. Dans ces maisons,
agglomérées comme des nids d'hirondelles, les blan-
chisseurs repassaient, les pharmaciens se grattaient le
dos avec leurs petites mains d'ivoire, l'épicier pesait
son gingembre ou ses sucreries roses et l'antiquaire,
d'un œil amoureux, considérait ses jades par transparence. Le lendemain, on offrait aux victimes un
magnifique enterrement à la chinoise, avec distribution de papier doré et de figurines en carton peint,
puis tout recommençait quelques jours après... Cela
dura ainsi jusqu'en 1910. La police fit fermer le
théâtre, intervint durement et depuis lors tout est
rentré dans l'ordre. La petite pagode et les tripots de
Mott Street ne sont plus que des centres de jeux
paisibles, où les autocars amènent des provinciaux
avides de sensations exotiques. Personnellement je
trouve à ce quartier de New York moins de caractère

qu'aux quartiers chinois de Los Angeles et de San
Francisco. Ces Chinois sont maintenant très métissés,
ils sont devenus gras et riches, ne se recrutent plus en
Chine et c'est seulement lors d'une fête nationale ou
du jour de l'an chinois, en février, qu'il vaut la peine
d'aller à Mott Street. Je m'y trouvais, cette année,
accoudé au balcon de fer d'un restaurant chinois
crépitant de mah-jongs, pour voir passer un sinueux
dragon de carton vert, tout étonné de se promener
dans cette Chine occidentale, au son des gongs et des
cymbales ; un dragon rouge avec une langue d'or
arriva d'une rue voisine ; les deux bêtes cahotées et
rigides de froid se faisaient de gros yeux hostiles (l'une
représentait-elle Nankin et l'autre Pékin ?...) Depuis
qu'il n'y a plus d'empereur pour aller offrir, ce jour-là,
la Terre en sacrifice au Ciel, les républicains n'atta-
chent guère d'importance à ces symboles périmés.

Ces Chinois de New York ont la figure carrée, la
bouche matérielle, l'œil réaliste et le ventre rond des
négociants, et l'on regrette les beaux pêcheurs maigres
du Yang-Tsé. Je les observais ce matin venant chercher, comme de bons pères de famille, leurs enfants à
la porte de l'école voisine. Quand sortirent de ces
bâtiments rouges les petits Chinois, si américains dans
leur manteau de cuir et si mongols sous leur casque à
la Lindbergh, prêts à boxer les petits Arméniens du
quartier, je compris que l'aventure actuelle de New
York sera, dans un siècle ou deux, celle du monde
entier.

Le ghetto.

Cependant, je crois qu'il y aura toujours des
quartiers juifs. Il n'y a d'ailleurs pas ici un quartier
juif, mais cinq ou six. New York est la plus grande
ville juive de la terre ; on compte près de deux millions
d'Hébreux. Il y a là des Juifs allemands, des Juifs
espagnols et portugais, des Juifs du Levant, de

Hollande, de Galicie, de Hongrie, de Roumanie, d'Ukraine ; il y a les Israélites milliardaires de la Cinquième Avenue, les Israélites millionnaires de Riverside Drive, les Israélites pauvres de Harlem, du Bronx ou de Brooklyn...

Le vieux ghetto est celui d'*Henry*, d'*Allers*, de *Rivington Streets*, pareilles à ces « rues-aux-Juifs » du Moyen Age. Cette population grouillante, crasseuse, prolifique et sordide qui a été maintes fois décrite sur le mode tragique et comique, ô amis Tharaud, qu'attendez-vous pour lui rendre visite ? Il y a bien quelques vrais Hongrois, Russes, Roumains ou Polonais en Amérique, mais en général, sous ces étiquettes européennes, se cachent surtout des Juifs. Un immense folklore local, dans le théâtre yiddish américain comme dans le roman, ressasse à l'infini la scène du vieux père inassimilable et botté, avec ses rouflaquettes grasses s'échappant de son chapeau melon verdâtre, le Talmud sous son châle de prières, maudissant en russe ses enfants devenus américains, qui ne le comprennent plus. Aujourd'hui le Juif nouveau, après son stage dans les bas quartiers, s'est élevé, ses fils sont à l'université — du moins dans celles des universités qui les reçoivent, c'est-à-dire ni à Princeton ni à Yale, — et il abandonne de plus en plus son taudis de Downtown aux Italiens ; il n'est plus socialiste bien qu'il lise volontiers chaque soir le *Vorwaerts* ou l'un des cinq grands quotidiens en caractères hébreux ; il ne produit plus guère de prophètes et d'illuminés comme ceux qu'on voit dans Zangwill ; son vrai royaume est Broadway. New York est à lui, quoi qu'en disent les « cent pour cent Américains » de Park Avenue. Il tient la presse, le cinéma et la radio... « Où est le temps, écrit Bercovici, non sans orgueil, où le gouverneur Peter Struyvesant trouvait que les Juifs sont le rebut de la terre et ne peuvent habiter dans la ville ? »

Les premiers Juifs de New York venaient d'Espagne par les Antilles ou le Brésil. Leur cimetière se voit encore dans Olivier Street. On ne les inquiéta jamais ; puis vinrent, après 1848, des Juifs de Rhénanie ; ensuite ceux, beaucoup plus misérables (malgré tout ce qu'essayait de faire pour eux l'Alliance israélite américaine, *Educational Alliance*), de Galicie et de Russie, fuyant les persécutions du saint synode. Il y en a qui sont restés pauvres, des chiffonniers, des chaudronniers, des plumassiers, des tailleurs, des marchands de lorgnettes. Comme presque partout depuis dix siècles, les Juifs tiennent le commerce de la fourrure et surtout du vêtement : de la casquette au pantalon, ils habillent le monde. C'est dans ces rues sordides qu'ils fabriquent les objets de luxe que nous retrouverons dans la Cinquième Avenue, vendus à un prix décuple. Ils se nourrissent d'un hareng saur et boivent leur thé à la russe, dans un verre trouble. Ils logent dans des chambres à trente centimes la nuit, ou encore à cet hôtel Libby, l'hôtel juif de New York (curieux, mais bien moins que cette auberge parisienne de la rue des Rosiers qui, jour et nuit, reste ouverte aux nouveaux arrivants, depuis le xve siècle). La littérature juive de New York est d'une tension spirituelle et d'une qualité d'abstraction qui s'expliquent lorsqu'on sait que beaucoup de ces Juifs, élevés dans East Side, n'ont jamais vu un arbre. « Cette population, dit Bercovici, donne une idée assez exacte de ce que devait être Jérusalem : prêcheurs, immolateurs de soi-même, socialistes, anarchistes, bolchevistes, communistes, et encore d'autres " istes ", en continuelles disputes, se couvrant d'imprécations, chantent et achètent des livres. » Paul Adam, dans le style artiste et kabbalistique de son époque, les a ainsi décrits : « Crépus et nonchalants, avec des filles qui daignent effleurer de leurs regards orientaux la vie qui

passe... On y brode, dit-il, on y stoppe, on y polit,
comme Spinoza, des verres de lunettes, on y bourre,
on y galonne des coussins en attendant que le Dieu
Sabaoth mène ses enfants vers le Chanaan voisin de la
Troisième Avenue pour y établir les bazars de l'ancien
Capharnaüm. »

Je croise un vieil homme à barbe verte, et je reste
sur place, pétrifié d'admiration : c'est un marchand de
caoutchouc, qui porte sur soi toute sa boutique ; il
ressemble à un homme-médecine ou à un mannequin
surréaliste, avec sa robe de tuyaux rouges et bruns ;
sur son dos, il porte des irrigateurs, et, autour du cou
un collier de canules...

Toutes les rues perpendiculaires à *Delancey Street*
sont à visiter, mais les plus belles, envahies à l'orientale, grouillantes et désordonnées comme les tombes
d'un cimetière hébreu, comme les idées dans un
cerveau juif, sont Orchard et Rivington Streets. Je
pense à cette expression splendide de Heine qu'aimait
à rappeler Nerval : « De grands essaims d'Israélites... »

Plus de sens unique ni de règlements de police pour
ces voitures à bras qui, ici, décèlent mieux que tout le
reste la présence d'un élément exotique.

— « *Alles gut !...* »

Amandes grillées et salées vendues par des marchands dont le nez crochu et gelé sort d'un bonnet
d'une fourrure miteuse rapporté de Russie par les
ancêtres. Aux devantures, carpes énormes et dorées,
gros cornichons sucrés, volailles rituelles et cette
viande kasher, avec son hémorragie interne, ces
saucisses spéciales, comme d'énormes membres
congestionnés, sans parler de ces hachis, de ces mets
orientaux qui ont l'air d'excréments.

A Delancey Street, les cinémas annoncent en lettres
rouges le film soviétique : *La Fin de Saint-Pétersbourg.*

Le peuple élu fait queue pour voir enfin les boyards prendre (c'est bien leur tour), des coups de pied « dans le pantalon », comme on dit en argot de New York. « *Alles gut !* »

Ici tout est bon marché, clinquant et camelote, sauf les boutiques d'objets religieux : quand il s'agit d'acheter un Talmud, un chandelier de cuivre, un châle, un calendrier rituels, rien n'est trop cher. Une odeur de saumure et de bottes graissées couvre tout. *Jesus saves !* s'exclament les affiches de l'Armée du Salut. A d'autres ! Au-dessus de cette foule pauvre, mais qu'on devine parfaitement satisfaite de son sort, étincelle un mot magique, qui domine tout : « DIA-MANTS. »

Des enfants, il y en a partout et des vieillards aussi, jusque sur les escaliers extérieurs contre l'incendie, qui transforment ces vieilles maisons en cages où semblent être enfermés des vautours... Dans la rue obscurcie par le chemin de fer aérien, brillent ces cuivres jaunes apportés de Russie, honneur de tout foyer juif. (Voir les trois boutiques d'Allen Street, vers le numéro 95.) Allen Street est surtout la rue de la soie, des édredons, des oreillers et des couvre-lits. C'est la nuit qu'il faut la visiter et, plus encore qu'elle, sa voisine, Division Street. Personne ne m'avait indiqué Division Street. J'y passai par hasard. Imaginez un bal de fantômes donné en pleine rue déserte, l'hiver. Plus une âme ; la cité nettoyée comme par les mitrailleuses ou par la peste ; et, l'une après l'autre, des centaines de boutiques éclairées violemment à l'électricité, peuplées de mannequins figés et sou-riants, habillés de la façon la plus violente et qui se donnent à eux-mêmes cette étrange fête. Il y a là des trousseaux pour ouvriers et des trousseaux pour Park Avenue, des copies de Worth et des robes à cinq dollars destinées au dancing du samedi soir ; toutes les

conditions sont mélangées, toutes les classes disparaissent dans cette confection instantanée du luxe pour
tous.

Il est neuf heures du soir. A cette heure-ci, où sont
les Juifs ? les intellectuels dévorent toute la littérature
du monde dans les bibliothèques de nuit ; les autres,
les grand-mères à la bouche humble et à l'œil arrogant,
les grosses filles sensuelles, les vieux à l'esprit toujours
vif et argumentateur, les jeunes gens opiniâtres et
souples, tous, poussés par la passion commune de leur
race, ont été remplir la douzaine de théâtres yiddish
des Première et Deuxième Avenues. « Les acteurs y
jouent, écrivait Paul Adam (et c'est encore vrai
aujourd'hui), avec un succès constant, des rôles de
frêles créatures, longtemps persécutées, puis victo-
rieuses, grâce aux ruses de leur vertu. C'est là,
personnifiée, toute l'obscure épopée de ces races
astucieuses et subjuguées de siècle en siècle... Rien de
suggestif comme ce public barbu, en deuil, ces
Orientaux aux gros yeux bistres, quand leurs mains
livides applaudissent l'orpheline épousée par un jeune
millionnaire, tandis que les détectives du théâtre
passent les menottes au poignet du méchant sei-
gneur... » A lire ceci, écrit il y a presque trente ans, on
dirait déjà un film de propagande communiste. Ces
publics, femmes en cheveux, hommes sans cols,
cheveux crépus, yeux éclatants, bouches charnues,
teints livides, me transportent soudain dans les théâtres actuels de Moscou : pas une retouche à faire, rien
à changer.

Non loin d'ici se trouve le nouveau *quartier général
de la police*, dans Centre Street.

Il y a des vols et des meurtres à New York, comme
partout, mais ce qu'on y pratique le plus, c'est le
« haut les mains ! » (*hold-up*). Le bandit américain ne

tire presque jamais, à condition qu'on le laisse opérer. Le film a popularisé son savoir-faire. Si vous sentez un gentleman vous presser, à travers sa poche, de son canon de browning, en souriant, à midi, en pleine Cinquième Avenue, souriez aussi et n'allez pas rentrer en criant dans la banque, d'où vous sortez. Suivez-le dans sa belle Packard et il vous déposera, allégé, quelques blocs plus haut. Quand il faut tuer, ce bas-monde n'hésite pas (voir deux récents livres, si suggestifs, *Love in Chicago,* et *In the days of Rothstein*). On s'adresse même à des agences d'assassinats, à des spécialistes (*killers*), et on peut, dit-on, se défaire d'un ennemi pour cent dollars à condition qu'il ne soit pas un personnage. On tue les gens en voiture, puis on jette les corps dans des terrains vagues.

Si le bandit new-yorkais opère sans « feu », il n'en est pas de même de la police. Êtes-vous témoin d'une poursuite ? Mettez-vous vite à couvert, car ce sera bientôt une fusillade. Dès qu'une auto est sifflée, si elle fait mine de ne pas s'arrêter, on tire dessus. En février de cette année, une dame qui n'avait pas obéi à un ordre d'arrêt a été tuée. La police de New York est brutale ; elle ne déteste pas le pourboire et diverses persuasions ; on la dit peu efficace (97 p. 100 des crimes restent impunis, écrit le *New York Herald*). La force de la police est surtout préventive. Autant notre petit sergent de ville fort en gueule et gesticulateur se fait peu respecter, et, dans les faubourgs, lorsqu'il essaie d'arrêter quelqu'un, risque d'être lynché, autant à New York, le grand *cop* irlandais est craint ; d'un coup de sifflet il réquisitionne les voitures et chacun lui prête main-forte. Comme les ambulances et les pompiers, la police a la priorité de la route, du télégraphe et du téléphone. On distingue les agents de la voirie, les patrouilleurs, la brigade du Port, la brigade motocycliste (montée sur des machines si

puissantes qu'elles battent toutes les voitures au
démarrage), la brigade des bombes (lacrymogènes,
etc.), la brigade ouvrière (malheur aux grévistes !), la
brigade aérienne (avec trois champs d'aviation), la
brigade de surveillance des chaudières (*boilers squad*),
la brigade du vol (*gangster squal*) ; enfin celles spéciali-
sées contre les bootleggers et les faux-monnayeurs.
Toutes armées de tanks, de motos avec fusils automatiques, autos blindées, avec postes récepteurs et
émetteurs de T.S.F., mitrailleuses, boucliers-protec-
teurs, etc. Cette armée de paix, dont le métier est
d'envoyer les gens à Sing-Sing (trois cent mille
arrestations par an), se compose de seize mille
hommes, plus de mille sergents, six cents lieutenants
et cent capitaines. La solde d'un policeman est de
soixante mille francs par an. Le préfet de police de
New York a demandé cette année de nouveaux
effectifs et une augmentation de solde ; « on ne peut
vivre avec ce salaire de misère », a-t-il dit. Le budget
de la police de New York sera pour 1930 de cinquante-
trois millions de dollars. Sans compter les détectives
privés, agences Burns et Pinkerton, que les grandes
banques, les industries, le haut commerce et même les
particuliers, ont à leur service et qui viennent exactement doubler les forces municipales. L'armée n'est
jamais employée pour maintenir l'ordre.

   Sing-Sing, que le cinéma a rendue célèbre, c'est la
grande prison de New York. Elle m'avala sous sa
porte béante, seule ouverture dans les murs de ciment
armé doublés de barbelé. Le bureau du directeur
était, comme toutes les administrations américaines,
très *business-like*, classeurs d'acier, machines à écrire,
secrétaires, etc. Au mur, une grande affiche annonçait
un bal au bénéfice du personnel... Je descendis un
escalier, jusqu'à une grille verrouillée. J'étais dans la
souricière. A droite, on fouillait les visiteurs ; à

gauche, le parloir des détenus. (Je n'oublierai pas ce jeune captif, beau, malgré sa tête rasée, qui parlait, les yeux dans les yeux, avec une expression d'intensité inouïe, à une femme en manteau de vison — celle sans doute pour qui il avait fait des faux...) Un guichetier porte-clefs me fit traverser les anciens bâtiments, neuf cents cellules sur quatre étages, cadenassées et fermées le soir d'une seule barre de fer, sans fenêtres, avec juste la place d'un grabat et qui rappellent les anciens cabanons des fous, à la Salpêtrière. Le reste de la prison était une honnête usine qui n'avait plus rien de la cour sinistre du tableau de Van Gogh. Des reclus en flanelle grise se livraient à de menues besognes ; beaucoup de nègres, d'ailleurs parfaitement heureux. Le soir, la chapelle devenait un cinéma, et le drap de l'autel, un écran. Les prisonniers américains ont droit à tous les journaux et livres, au cinéma, chaque jour, et la nuit, jusqu'à dix heures, à la radio : tous les lits des dortoirs ont des antennes et des cadres. A la cuisine, où des légumes cuisaient à la vapeur dans des percolateurs, on préparait d'excellents gâteaux pour le thé. Bref, la bonne vie, sauf que, tout en haut des murailles rouges, dans une lanterne de verre reliée aux autres par des fils téléphoniques les geôliers veillaient...

Non loin de là, un prisonnier nègre cultivait une serre dont les plus belles fleurs se trouvaient être de merveilleux oiseaux des Tropiques. Mélange de brutalité et de sentimentalisme philanthropique de l'Amérique ; cette serre donnait sur la section des condamnés à mort. On ouvrit des portes blindées et je me trouvai soudain dans une sorte de salle d'opération qui prenait jour par un vitrage d'atelier ; au milieu je vis un bon vieux fauteuil de grand-père, en bois : la chaise électrique. Je m'attendais à quelque chose de très martien, tout nickelé, avec des câbles à haute tension,

et l'on me voiturait cette commodité de la conversa-
tion avec Dieu. De larges courroies de cuir noir
attendaient des jambes, un buste et une tête... (Au
début, on n'attachait pas, paraît-il, les patients dont
les corps, sous la commotion, volaient en l'air.) Au
pied et au dossier, par un tout petit fil, arrive la mort,
sous forme de deux mille volts. Dans un cabinet
voisin, le tableau de distribution de force, comme une
dalle funéraire. Douze sièges pour les douze témoins
prévus par la loi... A droite, une chambre de clinique,
avec des tables pour l'autopsie légale et six frigidaires
électriques, destinés à conserver les cadavres ; dans un
coin, six cercueils gris...

« La mort est survenue au bout de cinq, six, sept
minutes », disent les procès-verbaux. Cette lenteur
m'avait toujours semblé effroyable. Le directeur me
rassura :

— Au bout de deux minutes le cerveau et la moelle
sont grillés, la tête fume, mais en deux centièmes de
seconde, le condamné est inconscient. Il ne souffre
pas.

Il ne souffre pas ? J'ai pourtant le souvenir de cette
photo prise ici, l'an dernier, par un reporter qui
malgré la sévère défense avait réussi à photographier,
avec un appareil caché entre les lacets de son soulier,
une figure effroyable...

Je reviens une fois de plus à mon point de départ,
sur la Batterie. New York se terminant en V, c'est le
jambage de gauche que j'attaque maintenant.

Par l'enfilade des rues, j'aperçois de nouveaux
docks, ceux d'Honduras et du Guatemala, qui précèdent de peu les docks des grands transatlantiques
européens. Rector Street. Sur les glaces crasseuses des
vitrines, ce ne sont plus des caractères hébreux, mais
arabes et grecs. A chaque pas, le café et la boutique de

change, ces deux paradis du Levant ; ici, les Syriens maronites, dont l'église est proche, parlent français. *Sheik's* Restaurant. Tapis réparés par des filles brunes, accroupies en devanture, devant un décor de babouches brodées et de nargilehs d'argent. Quelques Arméniens exilés de leur centre de la Vingt-Sixième Avenue font des ventes aux enchères en plein vent. Tous ces Orientaux paraissent attendre le crayon satirique de Pascin, qui connaît si bien son bas New York ! Cette Petite Syrie représente la vieille colonie car la nouvelle, et c'est également vrai pour les Grecs, a émigré à Brooklyn. Non loin, on trouve des Yougoslaves, portiers, garçons d'ascenseurs. Plus bas, le long de Greenwich Street, sont garées, en attendant la fin de la Bourse, les voitures particulières qui n'ont pu s'avancer davantage. C'est un coin de petites échoppes, de boutiques de crème à la glace, où l'on vend aussi ces saucisses populaires sorties de l'eau bouillante et servies en sandwich, dans un pain, que l'on nomme des « chiens chauds », *hot-dogs*, et que Chaplin a rendues célèbres dans *Une vie de chien*. Le seul luxe, la seule couleur de ces quartiers pauvres, ce sont les fruits.

Me voici maintenant dans *Broadway West* qu'il faut se garder de confondre avec le grand Broadway central. J'aperçois, cette fois-ci de l'extérieur, le Woolworth building, avec plus de recul que de Broadway. Ses efforts vers le gothique me font donner à la flèche de Rouen et à la tour Saint-Jacques un souvenir attendri...

En arrivant au coin de Cortlandt et de Greenwich Streets, j'entends soudain de la musique. Je regarde : rien. Des portefaix nègres continuent à décharger un camion, le cantonnier irlandais balaie, des enfants reviennent de l'école sans paraître étonnés... et pourtant ce ne sont pas des ventriloques, ce n'est pas une musique, c'est tout le quartier qui résonne, vibre ; il chante des choses différentes en même temps. Je lève la tête et je m'aperçois que de toutes parts me couchent en joue des tromblons d'ébonite, des haut-parleurs. C'est le quartier de la radio ; les boutiques que voici offrent, entassés jusqu'au haut de leurs vitrines, des cabinets japonais, des crédences gothiques ignifugées payables à raison de trente cents par mois, des cadres, des amplificateurs, des lampes brillantes, des bobines de fil de cuivre, des antennes, des postes fixes ou mobiles, tandis que les cornets mystérieux, de leur voix caverneuse ou graillonnante sortie du néant, annoncent une symphonie par Grossermann, coupée l'instant d'après par le saxophone de Perlmutter, agrémentée par le jazz de l'hôtel Saint-Régis que dirige Warshawsky ; soudain arrivent par le travers les cris de la publicité de Palmolive, des injonctions d'un évêque que bouscule aussitôt l'*ut* d'un soprano, tandis que se développe dans toute son ampleur la voix prophétique du conférencier Weintraub, qui commence justement son cours : « les parents ont-ils le droit d'élever leurs enfants ? » à quatre heures dix-huit minutes au 860 kw. B.B.R. Staaten Island.

Un froid sain, avivé par le grand appel d'air des deux estuaires, balaie les rues. Il devient si vif vers le soir que dans de vieilles boîtes à ordures transformées en braseros l'on brûle des planches au milieu de la chaussée. Je perds de vue les docks, les bacs et l'Hudson Tunnel, tous ces drains latéraux qui soulagent Manhattan par des ponctions journalières d'un surplus de population qu'ils aident à se vider dans les banlieues, et me dirigeant vers le nord, je parviens au quartier italien.

Il y a quelques voitures à chevaux.

L'Italie.

Comment s'y tromper ? Voici des olives noires, du
jambon cru, du parmesan, des fiasques, des cigares à
paille et de ces pains toscans qui ont la même forme,
depuis les Romains. Les Italiens ont habité les quartiers de l'Est avant de venir ici, à l'Ouest. Demain, ils
seront ailleurs, car une ville est un organisme qui vit,
dont les cellules se déplacent, et déjà la nouvelle Italie
va rejoindre la nouvelle Suède, la nouvelle Palestine,
la nouvelle Syrie, de l'autre côté de l'eau, à Brooklyn.
Les Italiens de New York forment une colonie
travailleuse, enrichie par l'industrie actuellement si
prospère du bâtiment, par le commerce de l'alcool de
contrebande et surtout par la vente du jus de raisin
frais, qu'on fait ensuite fermenter à domicile. A New
York, comme partout, les Italiens construisent. Ils
délaient le ciment et le mortier pour l'univers ;
pauvres, ils travaillent pour les riches ; les gratte-ciel,
ce sont des Italiens qui les élèvent, de même que les
villas de la Côte d'Azur, les palais des rajahs et des
émirs, après ceux des tzars, ce sont eux qui les ont
bâtis, de leurs rudes mains romaines. Leurs caisses
d'épargne nationales ouvrent des succursales à tous les
coins de rue. Bien que beaucoup d'Italiens aient cessé
maintenant de retourner périodiquement au pays,
tous sont restés nationalistes et peu assimilables.

Le quartier italien était connu jadis pour ses
crimes ; aujourd'hui il est fort tranquille. Ce n'est
d'ailleurs plus « une cité spécialement italienne non
moins sordide, non moins bariolée d'affiches cala-
braises, non moins peuplée d'artisans minables et de
filles aux yeux méditerranéens qui sustentent leur
mère en louant leurs vices fiévreux aux Jaunes de
" Chinese town... " (sic) », comme l'écrivait Paul
Adam. C'est la jeune Italie, certes toujours dévouée à
ses Madones et à ses Saints, mais fière de sa race
latine, soutenue par son gouvernement, défendue

auprès des hommes politiques américains par ses grands quotidiens, jouant son rôle aux élections, disciplinée et enrichie, visitée régulièrement par ses consuls, ses commis-voyageurs et par des propagandistes fascistes qui en entretiennent l'« italianité ». Sa presse est presque entièrement ralliée au régime nouveau. Il y a certes beaucoup d'antifascistes aux États-Unis, mais ils habitent plutôt Chicago.

Plus près de l'Hudson, entre la Vingt-Troisième et la Vingt-Quatrième Rue, l'on trouve encore des Italiens dans un vieux coin de Manhattan qui se nomme *Chelsea*. Chelsea et London Terrace, habités par des Irlandais depuis le XVIIIe siècle, protégés contre la bâtisse moderne par de longs baux à l'anglaise, sont restés vraiment un coin du vieux Londres ; on y voit des pigeons, des jardinets et même des arbres. Plus isolé et calme que Greenwich Village, Chelsea est beaucoup plus intact.

La transition est presque insensible entre ces rues qui pourraient être napolitaines ou bolonaises et le quartier latin de New York, *Greenwich Village*. Je n'aime pas beaucoup Greenwich Village. La vie de bohème est charmante à Fulham, à Charlottenburg ou à Schwabing ; elle atteint son maximum d'intensité à Montparnasse. Depuis que toute l'Amérique des sculpteurs élèves d'Archipenko, des poètes qui se croient Rimbaud, et des dames qui se croient peintres parce qu'elles ont besoin d'ateliers pour y faire tourner un gramophone, depuis que les affranchis en sandales, en chemise grise, en pantalon d'Oxford et sans chapeau, imitateurs de Gertrude Stein, de Joyce ou de Man Ray habitent la Rotonde ou Cagnes, Greenwich Village n'est plus. Un vieux journaliste new-yorkais me confirma dans cette impression : « A Greenwich Village tout est faux, faux cabarets, faux journalistes, fausse misère et faux génies. » Les hostelleries et l'art paysan sévissent à tous les coins de rue. Des dancings, fréquentés assez tard dans la nuit, ont une apparence de mauvais lieux qu'ils ne justifient pas. Au fond de cabarets-chaumières sur lesquels on a passé un jus doré pour leur donner l'air ancien, on boit clandestinement un chianti californien et les étudiants de première année échappés pour un soir des universités sont seuls à croire que c'est du vin. New York a bien d'autres gaietés qui ne sont qu'à lui. Le Village est inauthentique, comme le sont ses dîners dans les restaurants camouflés en frégate où des champignons sur toast sont servis au bout de piques par des pirates amateurs.

Greenwich Village est bordé par l'Hudson, la Sixième Avenue à l'est, Washington Square au nord, et Charlston Street au sud. Ce fut d'abord un village indien, Sappokanican, puis une ferme hollandaise, la Ferme des Bois, d'où on pouvait voir l'Hudson, qu'alors aucun dock ne cachait. Une épidémie de fièvre jaune fit évacuer ce gros bourg au début du XIXe siècle et les habitants n'y revinrent que cinquante ans plus tard. Il faudrait un Murger, un du Maurier pour évoquer tant d'ombres illustres. Lafcadio Hearn y passa sa jeunesse et Poe y écrivit *Gordon Pym* et *La Chute de la Maison Usher*. Tout le journalisme de l'époque héroïque, les publicistes, les pamphlétaires, les artistes de la suite de Whistler y eurent leurs studios et leurs cafés. « Ce fut, nous dit Bercovici, un lieu sauvage que celui-ci où Dreiser et Sherwood Anderson, inconnus encore, se promenaient avec de longs cheveux et où Provincetown Playhouse jouait les premières pièces d'O'Neill. » De grandes maisons d'éditions, qui sont maintenant dans la Ville Haute, débutèrent dans le Village. Il y a encore quelques années, on y pouvait acheter d'excellents livres d'occasion — tandis qu'aujourd'hui il faut, pour en trouver, remonter à la Cinquante-Neuvième Rue. Alors on allait à Greenwich Village pour y voir des femmes à cheveux courts et des jeunes gens décadents... On y allait surtout dîner pour peu d'argent, mais la prohibition a tué les trattorie italiennes comme elle a tué les restaurants français de New York. Les fausses auberges ont beau faire de la réclame dans les hôtels de province et attirer les autocars par des mises en scène suggestives, s'intituler sur des enseignes grinçantes de fer forgé, en gothique rouge : *le Trou-du-Lapin, le Cheval-qui-rue, le Bol-de-Punch-Bleu,* il n'y a plus grand monde devant leurs nappes à petits carreaux et leur vaisselle d'étain, exception faite toutefois pour la taverne assez authentique de Lee Chumley, à la haute cheminée duquel il fait bon se chauffer l'hiver, en faisant tourner le gramophone. Si vous désirez avoir l'atmosphère de jadis que Greenwich Village, en vain, s'efforce de recréer, allez plutôt au *Cheshire Cheese* dans Fleet Street, à Londres, ou mieux encore à la *Jungle* ou au *Jockey* à Montparnasse.

C'est non loin d'ici que les aristocrates français, qui avaient fui Saint-Domingue après la révolte des esclaves, s'étaient réfugiés. L'un d'eux, Moreau de Saint-Méry, qui ne buvait que de l'eau, s'attira les reproches d'un Américain : « Il me dit, écrivait-il, que si je persistais à ne jamais boire de vin, ma vie était menacée. » Moreau ajoute : « Les rues ne sont pas très propres et l'on y voit vaguer des vaches et des cochons... ; à chaque porte il y a deux bancs qui, l'été, servent à respirer l'air. » Un peu plus tard, ce quartier latin s'intitula *French Quarter,* le quartier français. Nos communards exilés venaient, tout en flétrissant M. Thiers, faire un piquet à la Taverne Alsacienne, à la Ville de Rouen, où se retrouvaient aussi d'anciens exilés républicains qui n'étaient pas encore bien sûrs que l'Empereur fût déchu. C'est à Greenwich Village qu'un jeune médecin français passionné de politique, au cours de l'été tragique de 1865, découvrait l'Amérique et apprenait à la connaître à une heure décisive pour elle, dans l'atmosphère nocturne des meetings politiques et des salles de rédaction ; ce jeune homme rédigeait entre deux leçons à des fils d'épiciers, chez Pfaff's ou dans les cafés français, des lettres toutes pleines d'un mysticisme radical, dû sans doute au protestantisme de sa mère et à son père libre penseur, qu'il envoyait sans les signer au *Journal des Débats* : c'était Georges Clemenceau.

Aujourd'hui, il n'y a pour ainsi dire plus de quartier français à New York. Savoyards, Basques, Bretons d'hier y ont fait place à une population flottante, aux métiers indécis. Le long des docks de l'Ouest un certain nombre de marins et de cuisiniers des bateaux français, plus ou moins en rupture de ban, y ont installé de petits commerces clandestins. Nous les retrouverons plus tard. Cependant, aux environs de la Vingt-Quatrième et de la Trente-Quatrième Rue, il existe encore une toute petite France, perdue dans le grand New York, Notre-Dame de la Miséricorde, Saint-Vincent-de-Paul et, plus haut, l'Hôpital français et la Société française de Bienfaisance en furent le centre. Nos compatriotes sont au nombre de trente mille, presque tous gens de maison ou coiffeurs. Un tiers environ est revenu en France à la mobilisation ; le reste conserve un lien sentimental avec le pays d'origine, mais qui va s'effaçant à la seconde génération. Depuis dix ans, les Français de New York tendent à remonter d'une trentaine de blocs, mais toujours aux environs de la Huitième Avenue.

Au sortir du Village, je me trouve tout à coup sur une place lumineuse et, bien que limitée maintenant à l'ouest par de récentes architectures, encadrant avec régularité un ciel nacré d'un mouvement admirable.

Elle est bordée au nord d'une rangée de maisons rouges — de ce rouge qui est comme un dernier souvenir de la Hollande — maisons de vieux style américain, plein de tenue et de noblesse : c'est *Washington Square*, avec ses arbres maigres et ses lignes sèches qui font penser aux premiers Corot, d'avant l'Italie ; ici (comme d'ailleurs presque partout à New York), rien de ce que les ateliers nomment « beurré », ou encore « traité en pleine pâte » ; tout est sec, épuré. Washington Square, centre de l'aristocratie *knickerbocker* des années 1840, décor des plus célèbres romans d'Henry James, des meilleures pochades d'O'Henry, des pages les plus tendres d'Edith Wharton, Washington Square d'où s'élance, radieuse et royale, sans une hésitation, à travers le cerceau de Washington Arch, la Cinquième Avenue, comme une belle tulipe ! Ici, au milieu du siècle dernier, un artiste et professeur de dessin, Samuel Morse, réunissait quelques amis et essayait de communiquer avec eux à l'aide d'un fil électrique. Mark Twain vécut là... Les troupes y paradaient pendant la guerre de 1812. Plus tôt encore, Washington Square avait été le charnier des esclaves noirs de La Nouvelle-Amsterdam et des milliers de crânes prognathes reposent sous son herbe grise ; quand les archéologues des siècles futurs les exhumeront, ils croiront certainement à quelque soudure entre l'Amérique et l'Afrique.

« Ce square exhale une sorte de tranquillité assurée qu'on rencontre rarement dans cette longue ville vibrante ; son aspect a une maturité, un bien-être, une honorabilité — dus à ce qu'il fut le centre déjà historique d'une société — qui font défaut aux plus hauts quartiers », écrit Henry James, dans son roman qui a pour titre *Washington Square*.

Lorsque, de Washington Square vous vous retrou-

vez dans le New York d'aujourd'hui, c'est comme de
quitter la terre pour une saison en enfer. Washington
Square, *a quiet and gentle retirement*, calme retraite et
de bon aloi, semble l'entrée d'un tunnel souterrain qui
s'en irait aboutir, par-dessous l'Atlantique, à Londres,
du côté de Bloomsbury. Souvent, depuis que j'ai
découvert l'Amérique, je me suis pris à être injuste
envers la vieille Angleterre. Aujourd'hui, je me repens
et je choisis, pour le dire, Washington Square. Si j'ai
pu pénétrer et comprendre vite New York, c'est que,
derrière moi, j'avais dix années d'Outre-Manche.
Toutes les plaisanteries qui courent sur les États-Unis
et la Grande-Bretagne, deux pays séparés par la langue
et par l'Atlantique, etc., ont fini par nous faire oublier
qu'elles sont mère et fille. La plus jeune renie l'aînée
comme se renient deux générations, c'est-à-dire en
vain. « O mère Angleterre ! », s'écrie le Dodsworth de
Sinclair Lewis. Les Yankees disent en ricanant : « Sa
Majesté britannique », « le Prince de Galles », mais
dès que l'un est mourant et que l'autre se casse la tête
en tombant de cheval, ils s'écrient avec une émotion
qui est un réflexe héréditaire : « *Le Roi* est au plus
mal », « *Le Prince* fait une chute grave ». L'Angleterre continue à dénigrer l'Amérique mais elle ne la
méprise plus ; les Américains se moquent des Anglais,
mais ce sont les seuls Européens qu'ils respectent et en
qui ils aient confiance. Trotski a prédit la guerre entre
les deux pays ; c'est d'un faux prophète et il mérite son
exil ; une telle guerre est aussi impossible qu'un conflit
entre la Bretagne et la Provence. D'ailleurs Londres et
New York sont une même chose, à cent ans de
distance ; le Londres actuel, c'est le New York de
l'époque *knickerbocker ;* ce qui me ramène à Washington Square.

II

LA VILLE MOYENNE

Les rues du vieux New York, tortueuses comme le cerveau d'un Européen, sont désignées par des noms propres ; c'est le dernier vestige de l'occupation hollandaise. Dès 1807, notre ami gouverneur Morris inventa un plan très simple qu'on allait appliquer désormais aux nouveaux quartiers : depuis lui, au-delà de la Ville Basse, New York est fendu dans toute sa longueur par un certain nombre d'avenues, dont les unes sont désignées par des lettres (A, B, C, D), les autres par des numéros (de 1 à 14), et quelques-unes, exceptionnellement, par des noms (Lexington, Park, Madison Avenues et Broadway). Les rues viennent s'y souder comme se soudent à la colonne vertébrale les arêtes du poisson. Cette épine dorsale, c'est la Cinquième Avenue, jadis appelée la rue du Milieu. Toutes les transversales qui se trouvent entre elle et l'Hudson, ce sont les rues Ouest (*West*), les rues Est (*East*) partant de la Cinquième Avenue pour aboutir à la rivière de l'Est. On l'a dit, il est facile de se diriger à New York par latitude et longitude, comme en mer. Une adresse new-yorkaise se lit très simplement : 131 W. 32 d., ce qui veut dire : n° 131, dans la 32e Rue, à l'ouest de la Cinquième Avenue. L'espace,

toujours identique, compris entre deux rues, se
nomme un bloc.

« New York, écrit Sarah Lockwood, est un jeune
géant de trois cents ans, haut de vingt kilomètres et
couché sur le dos ; ses pieds sont à la Batterie, sa
colonne vertébrale, si droite, c'est la Cinquième
Avenue, ses côtes sont les rues transversales, ses yeux
sont Broadway et Park Avenue son foie ; son ventre,
les deux gares ; sa tête est à Harlem ; ses bras
s'étendent au-dessus des rivières ; son argent, il le met
dans sa botte, en un endroit sûr, appelé Wall Street.
Quant à son cœur, il n'en a pas... »

Fifth Avenue.

La Cinquième Avenue sortit dans le monde en
1824, mais il lui fallut attendre près de quarante ans
avant d'avoir une situation. Dickens, qui visite New
York en 1842, ne la mentionne même pas ; elle n'est
alors que l'émanation de Washington Square. Elle en a
les façons silencieuses et impersonnelles, le côté « cent
pour cent américain » ; les dandies à habit bleu font
stepper leurs pur-sang sous les arbres de la promenade. C'est encore dans la campagne que vont se
promener les calèches jaunes et noires, les berlines et
les cabriolets. La Société habite la ville toute l'année et
ne s'absente que pour aller aux eaux ; être new-yorkais
ce n'était pas, dans ce temps-là, s'enfuir l'hiver à
Cuba, se rôtir à Palm-Beach ou faire du ski à Banff
jusqu'à l'heure de s'embarquer pour l'Europe. On
vivait en famille dans de fort laides résidences en
pierre brune, médiocrement chauffées, mal éclairées,
on faisait ses courses à cheval ou en traîneau, on
portait d'épais lainages ; il n'était pas question de
sortir le soir, et les distractions ne pouvaient être que
le sermon de l'après-midi le jour du Sabbat et les
défilés de la milice nationale, le samedi... Généraux et
colonels de cette milice sans soldats, redingotes à

dragonne d'or et chapeaux mous, les pieds sur le
poêle, le cure-dents à la bouche, tels que les a vus
Martin Chuzzlewit... New York a grandi, mais reste
une vilaine ville de province anglaise. La cloche règle
encore l'existence paisible des vieilles familles coloniales et de l'aristocratie knickerbocker : les Living-
stones, Griswolds, van Cortlandts ; Stuyvesants...
comme deux siècles plus tôt, autour de Fort Amsterdam. Je ne connais pas sur cette époque de plus joli
livre que *Les Derniers Jours de la Vie knickerbocker*[1].
On voit comment s'y sont conservées les traditions
d'hospitalité des premiers colons, assez semblables
aux Boers d'aujourd'hui, le cordial accueil des descendants de pionniers (dont les invitations actuelles aux
cocktail-parties et aux *whoopees* sont une forme exaspé-
rée). On y retrouve l'oncle Sam, rigide dans son
fauteuil à dossier droit, vivant simplement, ignorant le
luxe et ne s'étant pas encore, faute de chemins de fer
et de pétrole, donné des rois. La respectabilité pèse
sur cette ville qui s'efforce de faire oublier au monde
ses rudes origines. C'est encore la Hollande avec ses
jacinthes aux fenêtres, ses oiseaux des îles dans des
cages de porcelaine et ses banques sans spéculateurs
où quelques employés font mollement des écritures
commerciales. Avoir son break, conduire à quatre, est
presque une folie.

Alors, a-t-on dit, « le dollar représentait quelque
chose ». On portait des habits à queue d'hirondelle,
du linge empesé et l'on s'offrait le thé après dîner,
comme chez les bourgeois de Labiche. Mais peu à peu
le va-et-vient des crinolines commença à faire du vent ;
le conformisme puritain chancela. Des salons de danse

---

1. Ce nom d'une très ancienne famille new-yorkaise caractérise
l'époque. Consulter aussi l'excellente monographie de A. B. Maurice sur la Cinquième Avenue. (Note de l'auteur.)

s'ouvraient — sortes de vauxhalls dont le plus célèbre fut Niblo's Gardens. Des émigrants allemands venaient d'apporter avec eux la valse, l'ivresse légère de la bière blonde et les saucisses viennoises. C'est l'heure où apparaît dans le vocabulaire américain le mot *fast* (dégourdi, dessalé). On danse comme on n'avait plus dansé depuis l'occupation anglaise. Bientôt quatre théâtres ne suffiront plus aux New-Yorkais. Les omnibus ont un nom, comme les bateaux : le Lafayette, le Franklin, le Jefferson ; sur les impériales, les voluptueux s'adonnent perversement au cigare, mode nouvelle. Dangereuse Europe ! New York a plus changé en un siècle qu'aucune ville dans l'histoire du monde ; les autres ont évolué : il a éclaté.

C'est à cette époque que, poussée en avant par les premières vagues d'émigrants, la bonne société se mit à remonter vers le nord, emmenant avec elle ses théâtres, ses boutiques, ses clubs (dont le *Traveller's*, fondé en 1865), et les premiers hôtels. Après la Guerre Civile, la Cinquième Avenue atteint la Vingtième Rue. Déjà New York s'éclaire au gaz. Quelques Américains aventureux, à lèvres rasées, à barbes carrées et cravates de piqué blanc, éblouis par le Paris du second Empire qu'ils viennent de visiter, songent à se faire construire des palais européens, comme à l'Exposition de 1868 et commencent des collections. C'est ce que l'on a nommé l' « âge de la Peluche ». Ces gens, retour de Londres, racontent que certains lords ont des baignoires, des tubs ; mais cela est considéré comme décadent et aristocratique. Personne n'ose se risquer jusque-là.

Soudain surgissent les fortunes-champignons. La spéculation sur les terrains, à partir de 1880, procède par bonds, facilitée par l'adoption du nouvel étalon-or. C'est cette année-là que les Rockefeller constituent la Standard Oil. Cela durera ainsi jusqu'en 1900.

Graham Bell téléphone de Philadelphie à New York.
Croquet en costumes à carreaux, tennis en robes
longues. J.J. Astor acquiert tout le terrain disponible
aux environs de la Trentième Rue. On l'imite. Le
commerce suit. L'argent coule à flots. Les théâtres se
dorent et l'on peut y entendre toutes les vedettes
européennes à gros cachets. Aux devantures apparaissent de coûteux objets importés d'Europe. New York
découvre qu'avec la richesse vient la joie. On
commence à aller très vite. La morale court ; les
femmes, statues puritaines, sortent de leur gaine (où
elles ne rentreront plus), et vont jusqu'à grimper
derrière les messieurs sur un monstre nouveau : le
tandem ! Tandem !

A bicycle made for two.

Cette chanson fait fureur. Le tramway à trolley
remplace le tramway à cheval. New York compte
jusqu'à trois cents téléphones. C'est le temps de la
grande tempête de neige de 1888, des manches à gigot,
des corsets de satin rouge, la disparition des derniers
esclaves nègres et des vieux serviteurs ; les journaux
passent de deux à quatre, puis de quatre à huit pages.
C'est le New York de Paul Bourget. M. Henry Collins
a écrit sur ce New York de 1900 des pages pleines
d'humour et de romantisme. La Société, on ne la tient
plus ; aux défilés dominicaux, les clubs cyclistes
paradent, bannières en tête, canotiers de toile cirée
blanche et voilette Chantilly pour les dames, jerseys et
casquettes de toile blanche pour les messieurs ; on fait
de l'escrime entre femmes, on remet en honneur un
vieux sport anglais du XVIIIe siècle, le golf. On cesse de
se lever avec le jour, de porter des bas de coton et des
bottines à boutons. Plus de confitures faites à domicile ; le pain aussi s'achète au-dehors, chez les boulan-

gers, et, lorsqu'on le rompt, on ne pense plus à dire les grâces. M. Bradley Martin donne un bal masqué en costumes historiques au Waldorf Astoria ; quel scandale ! il lui faut se réfugier en Europe. On commence à prendre quelque repas hors de chez soi ; la Société, envahie de toutes parts, par des étrangers, par des acteurs, par des inconnus, éprouve le besoin de se compter, de dresser des frontières artificielles — car le plaisir mêle les classes — et décide de se limiter à quatre cents : c'est ce nombre d'invités que peut contenir, un jour de bal, le salon des Astor. On échange d'immenses dîners. On apprend les grandes manières anglaises dans Ouida et Marie Corelli. Entre la Quarantième et la Soixantième Rue s'épanouissent des résidences magnifiques, qui ont toutes disparu à l'heure actuelle (sauf, entre la Cinquante et Unième et la Cinquante-Deuxième Rue, la maison de Mrs. Cornelius Vanderbilt) ; le gratin abandonne définitivement le genre bourgeois et bâtit ce que l'on est convenu d'appeler le *style château,* c'est-à-dire toute une série de Blenheim miniature et de Chenonceaux en réduction dans des terrains vagues rocheux, d'où les entrepreneurs chassent les *squatters* irlandais ; ces terrains vont devenir Central Park. L'appétit du château de la Loire (influence Rothschild) une fois apaisé, est suivi d'une gourmandise de castel gothique (influence Sassoon) ; puis vient la soif de petits Trianons (époque Castellane) ; cela aboutira vingt ans plus tard au style Portland Square (influence Marlborough), au *palazzo* italien (influence Baldwin et San Faustino), enfin, aujourd'hui, à l'hôtel moderne ; miroirs, coromandels, ifs taillés, etc. (influence Elsie de Woolfe) ; toutes ces ardeurs, ces caprices se lisent encore à livre ouvert sur le visage de la Cinquième Avenue.

Ne bougeons plus ! M. C. Eastman, artiste amateur,

Mrs. Eastman Kodak, un voile noir sur la tête, est en train de photographier le premier sous-marin. Il va photographier aussi les grands mariages qui établissent des liens nouveaux, brillants, fragiles, entre l'Amérique et l'Europe. Mariage Gould-Castellane et Marlborough-Vanderbilt. C'est la fin de l'isolement colonial et de l'ancien sentiment d'infériorité vis-à-vis du Vieux Continent... C'est aussi la fin de ce qu'Edith Wharton a si bien nommé l'*âge de l'innocence*. Soyons fin-de-siècle ! Assassinats anarchistes. Mort de McKinley. On parle de *trusts*, de *pools*, de *mergers*, de *holdings*, mots nouveaux. Les financiers ont de gros cigares, des guêtres, des gilets blancs et des chaînes d'or au ventre, tels qu'on peut les voir encore aujourd'hui sur les caricatures soviétiques. Époque des Titans. Des classes nouvelles, qui n'auraient pas osé jadis boire de vin, font sauter les bouchons de champagne. Les évêques fulminent en chaire. *Tararaboumdié !* Les trottoirs se fleurissent d'agréables demi-mondaines ; les messieurs deviennent coquins et guettent les jambes des dames au coin du Flatiron Building, les jours de grand vent, ainsi qu'en témoignent les photographies animées que des savants viennent de désigner du nom bizarre de cinématographe. Le drapeau étoilé est hissé sur la citadelle de Santiago de Cuba. C'est le commencement de la « décade mauve ». L'orchidée écrase le géranium, et l'iris noir, le pétunia. Quelque chose, je ne dirai pas de voluptueux, car New York est trop vite, trop excessif pour l'être jamais, mais quelque chose de presque diabolique flotte dans l'air de la Cinquième Avenue. C'est comme une préfiguration du luxe d'après guerre. Poudre aux yeux, poudre d'or du Yukon et du Klondyke.

Cette vague d'histoire me dépose sur les frontières nord de la Ville Moyenne et au commencement de la

Ville Haute, à l'hôtel Plaza. Après nous être arrêtés
devant la fontaine que Mrs. Pullitzer vient d'offrir à la
ville, redescendons la Cinquième Avenue, telle qu'on
peut la voir aujourd'hui, par un beau matin de février.
Cinquième Avenue ! voie triomphale qui fut témoin
du retour des troupes en 1918, des défilés en l'honneur de Foch, de l'amiral Dewey, vainqueur de
l'Armada espagnole — et de la parade des pompiers en
1860, pour le prince de Galles. Je passe devant ses
boutiques aux noms historiques — comme dirait
Anita Loos. Il est midi. L'Américaine, la femme au
monde qui a le plus d'argent dans sa poche, l'Américaine, cet être détesté et admiré des Européennes, sort
de chez elle et part en campagne, *ready to kill*, prête à
tout tomber sur son passage. Très blonde, pyroxydée
ou le front frangé de noir, les sourcils épilés et peints,
la lèvre fraîchement dessinée et carminée, chapeautée
serré, très bien chaussée, la jambe admirable hors
d'une petite botte caoutchoutée qui lui fait le pied
pattu, le corps enfermé dans une fourrure assez
courte, des yeux volontaires et enfantins et des joues si
roses, si roses, émergeant d'un renard argenté, l'Américaine conquiert le trottoir de cette Cinquième Avenue avec un air d'assurance, de bonheur et de
supériorité qui accable... Elle fait ses courses avant
d'aller déjeuner au Ritz ou au Colony. De pures
Nordiques et beaucoup de Juives aux hanches orientales, au regard plus lourd et plus humide. Toutes les
bêtes à fourrure de la création semblent avoir été
massacrées pour vêtir ces femmes : zibelines, blai-
reaux, écureuils gris, agneaux persans, peaux de
phoques de l'Alaska, nutrias, caraculs, ragondins,
poneys, loutres, léopards, rats musqués, visons... les
visons surtout. New York est né du commerce des
fourrures ; comment l'oublier ce matin ? Un grand
vent glacé arrive du pôle, vent sain, excitant et tonique

qui n'a pas rencontré sur son passage un seul arbre, une seule montagne. Les chiens importés d'Angleterre ont de petits tricots noirs, ainsi que les oreilles des policemen. Les chauffeurs, la toque de castor enfoncée jusqu'aux oreilles, causent à la porte des grands magasins avec des portiers nègres, galonnés d'or comme les généraux de Saint-Domingue. Dans leur tour de verre, les agents qui dirigent le trafic font retentir des sonneries ; les lumières rouges s'allument et toutes les rues se déversent soudain dans l'Avenue ; l'instant d'après, les signaux deviennent verts ; d'un coup, New York s'ébranle verticalement sur trente kilomètres de long. Voici les hôtels de grand luxe, le Plaza, le Savoy-Plaza, le Sherry Netherland ; voici Renault, voici Révillon. Au coin de la Cinquante-Septième Rue — la rue La Boétie américaine —, la rue des marchands de tableaux français et des antiquaires (quel chapitre que celui des antiquaires de New York !), se trouvent Park and Tilford où l'on vend les plus beaux fruits et les meilleurs ice-cream sodas de tout Manhattan, caviar, fraises, asperges, grappes de Chanaan. Je m'arrête à regarder les livres rares et les belles reliures aux armes, chez Dulton ; j'entre chez Pierre Cartier, honneur de notre colonie française ; voici Kohler, ses salles de bains et ses cuisines si belles, en émail, d'un vert si tendre que personne n'osera y faire la cuisine ; ensuite Wildenstein et ses Rembrandt au mètre carré. Quelques églises et, au coin de la Cinquante et Unième Rue, la Cathédrale s'élèvent encore au milieu de tous ces marchands qui ont envahi le Temple ; sanctuaires, derniers témoins d'un monde disparu et qui n'est même pas resté cinquante ans dans la Cinquième Avenue. Ensuite, c'est Saks, le grand magasin de demi-luxe (avec Arnold et Constable, un peu plus loin), Scribner's et ses livres, au coin de la Quarante-Huitième Rue, l'agence Cook, spécialisée dans les croisières, car les grandes croisières mondiales partent de New York.

Les gratte-ciel ont envahi la Cinquième Avenue à mesure que disparaissaient les résidences. Les plus récents sont les plus beaux, par exemple l'Empire Trust Building, le French Building, avec ses quarante étages et ses terrasses émaillées, au coin de la Quarante-Cinquième Rue. 5th Avenue Bank, Harriman, Guaranty Trust, peu à peu, toutes les banques ont ouvert ici des succursales. Les grands clubs des universités, Columbia, Harvard, sont maintenant dans le voisinage. Les actrices ont le leur, la *Nuit des Rois*.

Jusqu'ici le commerce de l'Avenue est uniquement du « haut commerce » ; syndiqués, les négociants de la Cinquième Avenue s'entendent pour en interdire l'accès à la camelote. Il n'y a pas de ces marchands de faux bijoux qui déparent notre rue de la Paix. Mais vers la Trente-Huitième Rue, la qualité se met à baisser. Les femmes rencontrées portent des chaussures de confection, on croise plus de peaux de bique que de zibelines et les visons sont des fourrures jaunâtres du Japon et non plus les beaux visons du Canada, à reflets bleu sombre. Un magasin Woolworth apparaît, le premier maillon de cette chaîne immense de bazars à « tout pour cinq et dix cents » qui enserre maintenant les États-Unis. Plus bas, nous trouverons encore quelques boutiques de vieille renommée, comme Tiffany, le bijoutier des Quatre Cents, ou Lord and Taylor, mais désormais la Cinquième Avenue, aussi célèbre qu'un génie, qu'une grande bataille, n'est plus ici...

Rentrons dans ce temple au coin de la Quarante-Deuxième Rue, un peu en retrait de la Cinquième Avenue ; ce n'est pas le Jardin d'Acclimatation, malgré les lions qui gardent la porte, c'est l'admirable

Public Library, la bibliothèque municipale ; (la Bibliothèque nationale, c'est la bibliothèque du Congrès, à Washington). Que de belles heures passées là, au milieu de ces quatre millions de livres publiés par mes confrères ! Ouverte en 1911, la bibliothèque est mi-fixe, mi-circulante. Cette dernière section, dotée par Carnegie, comporte quarante-quatre succursales, une par quartier, reliée à la maison mère par un va-et-vient constant d'automobiles. Chaque quartier a les livres qu'il préfère, livres chinois pour Chatham Square ou littérature nègre pour Harlem. N'importe qui peut entrer à n'importe quelle heure de la journée jusqu'à dix heures du soir, même le dimanche, à la Public Library. Une salle des Pas-Perdus, pleine de fiches maniables, parfaitement à jour, classées par auteur et par matières, un service accéléré, des livres en nombre illimité et en moins de cinq minutes installés devant la place que vous avez choisie sans qu'il soit besoin d'exhiber des références et des cartes toujours à renouveler. Silence épais, dans ce palais Renaissance aux dalles de marbre (tous les Américains ont des talons de caoutchouc ; une semelle qui sonne : c'est un Européen). Encre, papier et crayons sont mis gratuitement à la disposition du public. Beaucoup de jolies femmes, étudiantes, artistes décorateurs, copieuses de modèles. Outre la grande salle, il y a des pièces spéciales pour les périodiques, les journaux, les journaux étrangers, l'art, la musique, l'histoire américaine, l'hébreu, les langues orientales, l'économie politique, la géographie, la généalogie, les sciences, les manuscrits en écriture Braille pour les aveugles, sans oublier une bibliothèque pour les enfants. Peu de gens prennent des notes, bien que l'on puisse amener sa dactylo, le photostat permettant de photographier immédiatement les passages des livres ou des manuscrits qu'on désire copier.

Lorsque je sors de la bibliothèque, il est cinq heures. Ma soif de lecture n'est pas apaisée. Vais-je aller bouquiner dans un grand magasin ou, à quelques pas d'ici, chez Brentano's ? Je traverse le square, derrière la bibliothèque. La nuit est tombée ; c'est une féerie de lumière, un embrasement de ce carré de gratte-ciel, dont chaque fenêtre est en ce moment celle d'un bureau illuminé. A ma gauche, l'American Radiator, couleur raisin de Corinthe, se termine par une tiare d'or comme celle d'un Kremlin moderne ; éclairé par en dessous, il se perd dans le brouillard et embrase la nuit. Toute la Quarante-Deuxième Rue, d'un bout à l'autre, fond dans la lumière, avec ses maisons trouées de rouge, comme des braseros.

Je ne manque jamais, lorsque je suis à New York, de descendre dans le sous-sol de Brentano's. Ce sont les catacombes de l'information. On trouve là tous les périodiques américains, dont New York édite la plus grande partie. Ces couvertures de couleur, on dirait une exposition florale. Il y a ici autant de spécialités de l'esprit qu'ailleurs de spécialités culinaires. Je ne joue pas au bridge, mais comment m'arracher à ces revues techniques du bridge : *Bridge aux enchères, Sans atout, Bridge et poker* — où les coups les plus difficiles sont discutés. Dix magazines sont consacrés au golf, une vingtaine à l'auto. Pour l'aviation, j'ai le choix entre l'*Aero Digest*, le *Western Flying, Wings, Popular Aviation, Flight, Airways, Engineer Aviator*. Les revues d'aventures sont subdivisées elles-mêmes en revues criminelles, revues de contes de revenants, revues de détectives qu'il ne faut pas confondre avec les revues d'histoires de pirates. La musique m'offre le *Musical Digest*, le *Musical America*, le *Musical Quarterly*, le *Musical Observer*, le *Musical Courrier*, le *Violonist*,

Harmony; mon œil de voyageur se réjouit à *Travel*, à
Nomad, au *World Traveller* et surtout à *Asia* et au
Geographical Magazine, avec des photos admirables
qui remplissent l'âme de nostalgie; je sens que des
oiseaux sont ivres... Voici maintenant l'artillerie
lourde, *Literary Digest*, *XXth Century*, *Harper's*, le
Forum et sa couverture orangée, les revues de Hearst,
Harper's Bazaar, *Cosmopolitan*, *International*; les
périodiques à gros tirages, *Saturday Evening Post* et
ses deux millions de lecteurs, les publications *Condé
Nast* où la qualité lutte contre la quantité américaine,
Vogue, *Vanity Fair*, largement ouvertes aux écrivains
européens; enfin les revues de pensée, de critique et
de littérature proprement dites : l'*American Mercury*
de H.L. Mencken, hier le *Dial*, les recueils artistiques
de toute sorte (peut-être moins savants qu'en Angleterre, plus commerciaux, faisant une plus large part à
l'art appliqué). Mais là où je plonge dans une véritable
tempête d'imprimerie, c'est au rayon du cinéma :
Picture Play, *Screenland*, *Photostones*, *Photo Play*,
Motion Pictures, etc., tiennent leurs lecteurs passion-
nés, jeunes vendeuses des grands magasins, nurses
neurasthéniques et écoliers ambitieux, en contact avec
les stars d'Hollywood, leurs villas de Beverly Hill,
leurs ranches, leurs amours, leurs mascottes et leurs
contrats, où l'alignement des zéros donne le vertige.
On ferme ! Titubant, je sors de ces caves, ivre du vin
nouveau de l'actualité.

Le lendemain matin, reposé, je redescends la Cinquième Avenue, et profitant de ce que cette artère est,
par exception, parcourue d'autobus, je m'installe sur
le toit d'une des voitures. Trente-Huitième, Trente-
Septième Rues ; Allen et ses bas, dans une vitrine
pleine de jambes coupées, les grands magasins
Altman, puis la très importante Trente-Quatrième
Rue, par laquelle, avec la Quarante-Deuxième, on

gagne le plus facilement Broadway. Au coin, cette
énorme bâtisse rouge sombre, d'un style démodé,
c'est l'hôtel Waldorf-Astoria, assez semblable à notre
Continental, ou à notre Grand Hôtel.

Presque au coin de la Vingt-Septième Rue, le
Rider's, l'excellent guide que j'ai toujours à la main,
indique un Musée de la Sécurité qui m'intrigue, mais
personne n'a l'air de le connaître et je ne puis réussir à
le trouver ; ce Musée contient, paraît-il — enseignement muet —, en effigie, tous les accidents possibles
et toutes les catastrophes connues ainsi qu'une collection de roues cassées, de tuyaux recueillis après
explosion, de poussières mortelles, enfermées dans
des tubes de verre, etc. Sécurité d'abord ! c'est la
devise de l'Amérique moderne qui en a fini de vivre
dangereusement. Dans les rues voisines, on fabrique
des fleurs artificielles, dont New York fait un important commerce ; peu de gens partagent mon goût pour
les fleurs artificielles ; cependant ces arums en drap
blanc sont incomparables. Non loin d'ici est une
curieuse boutique dans laquelle on peut apprendre à
jouer au golf.

J'aperçois un monument sans profondeur, à la
perspective en chevrons, dressé au coin des Vingt-
Deuxième et Vingt-Troisième Rues : le *Flatiron Building*, d'une étonnante audace. L'architecte ne dispo-
sait que d'un terrain d'angle ; aussi a-t-il bâti un
gratte-ciel en forme de fer à repasser (*flat iron*) où le
vent vient gicler comme l'eau le long d'une étrave de
paquebot.

Après avoir traversé la Quatorzième Rue, si animée,
que nous retrouverons plus pittoresque encore à l'est,
la Cinquième Avenue groupe un grand nombre de
maisons d'éditions qui n'ont pas encore consenti à
suivre vers le nord, comme les firmes plus récentes, le
mouvement des affaires et dont la plus célèbre est

Macmillan ; ensuite, deux blocs, assez semblables à notre rue du Sentier, sont consacrés aux tissus et vêtements en gros. Ici, la Cinquième Avenue va reprendre un ton meilleur, mais désuet ; elle n'est plus ni cosmopolite, ni luxueuse, ni vulgaire ; elle redevient vieille Amérique et subit l'influence voisine de Washington Square. En voici d'ailleurs, à nouveau, les maisons, vues cette fois par-derrière, prolongées de leurs anciennes écuries qu'on appelle *mews*, comme à Londres, et qui ont été transformées en charmants studios. Je retrouve les maisons rouges du square, à portes et à volets verts ; le soleil de l'après-midi les gaine, comme des meubles de l'époque, d'un velours magenta.

Arrivé une fois encore à la limite de la Ville Basse, je reviens sur mes pas jusqu'à la Quatorzième Rue, abandonnant ce quartier désormais sans grand intérêt, mais qui, il y a cinquante ans, était le centre du commerce et des plaisirs nocturnes. Cette Quatorzième Rue, qui traverse horizontalement Manhattan dans sa partie la plus large, est comme un sous-Broadway, rue populaire, pleine de music-halls vulgaires, de bals où l'on choisit sa partenaire parmi les girls de l'établissement et où l'on paie à la danse, de cinémas abreuvant un public grossier d'aventures aphrodisiaques ou, comme l'on dit en Amérique depuis deux ou trois ans : avec énormément de sexe.

Je débouche sur une place dont les efforts qu'elle fait pour être un parc ont quelque chose d'attendrissant, d'inutile et de solennel. Le campanile de Saint-Marc, orné d'une horloge lumineuse, se hisse au sommet de la Metropolitan Life, popularisé par toutes les cartes postales qui représentent New York la nuit. Ici se croisent la Cinquième Avenue et la Vingt-

Troisième Rue : c'est *Madison Square*. Ce square toujours très actif, mais un peu déclassé, est un morceau de l'histoire de New York.

Madison Square, jadis arène politique, jardin promenade et terrain de sports, avec son vieux vélodrome disparu aujourd'hui, théâtre des premiers Six-Jours (les coureurs ne se relayaient pas : devenus fous de fatigue, ils grimpaient aux arbres !). Si l'on fait encore de la boxe à Madison Square Gardens, on en fait surtout ailleurs, à l'Olympia, au Polo Grounds, à Brooklyn Arena, au Harlem Club, à Saint-Nicholas Arena et à Ridge Grove ; pour le patinage, il y a Broadway Island ; les clubs athlétiques ont remonté vers le Bronx ; le centre des paris de billards n'est plus ici et les nageurs recherchent maintenant les piscines des hôtels de la Ville Haute, vont au Sheldon, au Central Park, à Crescent Park ou à l'Y.M.C.A.

Continuant ma promenade en zigzag, je remonte Madison Avenue jusqu'à la Ville Haute ; au coin de la Vingt-Sixième Rue se trouve l'édifice de la Société protectrice des Animaux, dotée de dispensaires et d'hôpitaux ouverts nuit et jour et à laquelle s'annexe une excellente institution, une colonie de vacances payante, pour animaux délaissés, l'été, par leurs maîtres.

C'est non loin d'ici, à la Vingt-Huitième Rue, qu'ayant vu un attroupement devant une boutique, je m'approchai et aperçus à la devanture, sur un coussin de velours noir, une paire de vieux godillots de chemineau, au-dessous de laquelle on pouvait lire en lettres d'or :

« *Ces souliers historiques ont appartenu à Charlie Chaplin. Ils sont assurés pour dix mille dollars.* »

Je quitte Madison Avenue pour entrer dans la Vingt-Neuvième Rue, que j'ai la surprise de trouver

calme, silencieuse, presque abandonnée. Ce palais de
marbre blanc, c'est la résidence du banquier Morgan
et la *bibliothèque Pierpont Morgan*. J'ai rendez-vous
avec la très érudite et très cultivée bibliothécaire, Miss
Bella Greene. On charme mon attente en me confiant
la clef de la bibliothèque et le premier livre relié aux
armes que j'en extrais est l'édition originale, in-
quarto, du *Misanthrope ;* je m'aperçois bientôt que
toutes les originales de notre XVIIe siècle sont sous ma
main. Miss Greene m'introduit parmi les manuscrits,
enluminures et capitulaires. Au hasard, je pose les
yeux sur un évangéliaire anglais d'avant la conquête
normande, écrit pour la fille de Baudouin comte de
Flandre, sur un bestiaire anglais du XIIe siècle, qui est
un des seuls manuscrits laïcs de cette époque, ou
encore sur le Missel dit « du Mont-Saint-Michel »,
XIe siècle. L'on me montre les scènes de la vie du
Christ, de Saint-Martial de Limoges, dont la réplique
n'existe qu'au Vatican ; enfin, des pièces uniques
comme cet Ancien Testament du IXe siècle, école de
Reims, parfaitement neuf ou comme l'Évangile sur
vélin teint en pourpre, couleur rose séchée, du
VIIe siècle, écrit entièrement en lettres d'or et offert
plus tard par le pape à Henri VIII d'Angleterre.

— Vous n'allez pas partir, me dit miss Greene,
avant d'avoir vu des manuscrits français qui vous
intéresseront (car pour les manuscrits anglais, ils sont
innombrables : nous avons presque tous ceux de
Byron, de W. Scott, etc.).

Sa secrétaire arrive aussitôt, les bras pleins d'une
nouvelle moisson. Qu'y a-t-il sous ces reliures en
maroquin écrasé ? Le premier que j'ouvre c'est le
Voyage en Orient de Lamartine ; ces épais volumes,
c'est le *Journal d'Exil* de Hugo, presque entièrement
inédit ; puis voici *La Pucelle d'Orléans* et divers autres
essais, de la main de Voltaire, des lettres de Bossuet et

de Racine, la série des lettres de Marie-Antoinette à Mercy Argenteau, *Nana,* les *Chansons* de Béranger... Soudain j'ouvre le manuscrit d'*Eugénie Grandet* « offert par l'auteur à Mme Hanska, décembre 1833 ». Il n'était donc pas dans la collection Lovenjoul ? Cette encre qui paraît si fraîche encore ! Me voilà plongé dans Balzac, à deux pas de Madison Avenue, en ce New York, une ville faite pour lui. Dans les marges, qu'il est émouvant de retrouver ces additions, ces soustractions, toute l'arithmétique inquiète de l'auteur : « 10 000 F dont 6 000 comptant », des dessins, profils, nez camus, nez pointus, dessinés nerveusement, en cherchant une idée. Au recto, les rendez-vous de la journée, les achats d'antiquités — naturellement : « aller à l'Europe... v. coiffeur... candélabres... », puis un plan de sa future maison : « rez-de-chaussée, grand salon, salle à manger, billard, premier salon, cage d'escalier, péristyle et le premier étage, bibliothèque, escalier, salon ». Encore une addition : « 2 850 F. » Enfin, à même le texte, des lunules, de grands cercles bistres, qui ne peuvent être que les ronds de la tasse de café.

Remontant encore Madison Avenue, la remontant d'autant plus qu'entre la Trente-Quatrième et la Quarante-Deuxième Rue elle se soulève, à cet endroit, dit Murray Hill, où Washington couvrit vaillamment la retraite de ses troupes, je passe devant l'hôtel Baltimore et, à la hauteur de la Quarante-Cinquième Rue, je m'arrête devant le grand magasin de sports Abercrombie ; ses vitrines me passionnent ; elles précèdent, annoncent, commentent les saisons ; de grands poissons en carton imitent les tarpons géants de la Floride, qu'on ne peut manquer d'attraper dans leur saut aérien si l'on n'est muni comme ce mannequin, de toutes ces épuisettes et lignes à moulinets qui se fixent sur le ventre à l'aide d'un jeu compliqué de courroies. Les apercevoir en passant, dans l'aquarium de la devanture, fait soudain désirer le printemps. Mais, à l'étalage d'à côté, c'est encore l'hiver, poétiquement décrit, l'hiver avec habits de daim, raquettes, et patins couverts d'un borax qui singe la neige.

A hauteur de la Quarante-Sixième Rue, s'avance sur Madison Avenue la marquise basse du Ritz-Carlton que tous les New-Yorkais connaissent bien.

Il n'y a pas à New York quantité de bons vieux hôtels, comme à Paris ou à Londres ; les plus récents et les plus chers sont les meilleurs. Ainsi, le vieil *Fifth Avenue-Hotel* fut remplacé par le Waldorf qui, à son tour, fut détrôné par le Plaza et le Ritz ; le Ritz est devenu surtout un restaurant et sa clientèle hôtelière remonte maintenant vers la Ville Haute. De même que nous nous plaignons de voir s'américaniser nos meilleures maisons, de même on entend les New-Yorkais regretter que leurs hôtels d'autrefois avec leur table d'hôte, leurs serres d'hiver, leurs prix fixes et leurs grands salons de réception tout dorés, aient disparu pour faire place à des caravansérails cosmopolites. A l'époque coloniale, la Ville Basse comptait nombre d'hôtelleries pour les passagers et les marins, où il arrivait qu'on couchât cinq dans un lit, à condition d'enlever ses bottines. Chateaubriand décrit une de ces auberges d'Amérique : « Je restai stupéfait à l'aspect d'un lit immense, bâti en rond autour d'un poteau : chaque voyageur prenait place... les pieds au centre, la tête à la circonférence... de manière que les dormeurs étaient rangés symétriquement comme les rayons d'une roue ou les bâtons d'un éventail. » Vers le milieu du XIXe siècle, New York remplaça ses pensions de famille par Astor House, puis, en 1856, par le Fifth Avenue-Hotel, luxueux, éclairé au gaz, tout à l'orgueil de ses six étages de marbre blanc et de ses premiers ascenseurs ; vinrent ensuite le Commodore, le Breevoort, enfin le Waldorf-Astoria dont l'inauguration ne fit pas moins sensation que celle du Grand Hôtel sur nos boulevards. L'émigrant allemand Astor, John Jacob, fils d'un boucher d'Heidelberg, le premier self-made man, ayant fait la plus grosse fortune d'Amérique dans les fourrures et ensuite une des plus grosses du monde dans les terrains, secoua la boue de ses souliers sur son pays d'adoption et alla se fixer en Angleterre où il devint vicomte. Avant de partir — nous apprennent ces *Valentine's Manuals* si précieux pour l'histoire de New York —, il transforma son hôtel particulier en un palace, le Waldorf, doté bientôt de nouveautés aussi étonnantes que la lumière électrique et le téléphone dans les chambres. Un peu plus tard, son cousin vendit lui aussi sa résidence, contiguë, qui s'appela l'Astoria ; le Waldorf-Astoria fut, sous la direction du célèbre Oscar, l'hôtel le plus élégant de cette fin de XIXe siècle ; aujourd'hui, le Waldorf va disparaître. Comme pour le Pennsylvania, le Belmont, le Mac Alpin ou l'Astor (qui eut le premier jardin sur le toit éclairé de girandoles au gaz), la clientèle du Waldorf est faite de commerçants et de provinciaux, typiquement américains et, à cause de cela, fort amusants à observer. Les ascenseurs de Waldorf ressemblent encore à des diligences et ne sont égalés que par la merveilleuse montgolfière capitonnée du Meurice, à Paris. Ces maisons ont généralement un nombre prodigieux de chambres, mais peu d'appartements ; l'organisation est militaire ; elles ne brillent pas par la cuisine ; la morale est sévère, ainsi qu'en témoignent des sous-maîtresses installées à chaque étage derrière des pupitres, qui surveillent toutes les portes des couloirs. Les pièces de réception sont des palmeraies ; des messieurs, le chapeau vissé sur la tête, y fument, dès le matin, de gros cigares, répartissent

leur salive dans tous les crachoirs des environs et
s'expriment en sonnant du nez ; il y a des téléphones
sur toutes les tables et les boys circulent en criant à
tue-tête des numéros de chambre. On trouve dans les
halls tout ce qu'on veut, sans avoir à sortir dans la rue ;
ce sont de petites villes à l'intérieur d'une grande ; on
y peut prendre ses billets de chemin de fer et de
théâtre, son bain turc, ses consultations médicales ; on
s'y fait masser, on y loue les services de secrétaires, de
sténodactylographes et on y donne ses ordres de
Bourse à un représentant du Stock Exchange, installé
sur place. Ces hôtels ne reçoivent pas seulement des
résidents ; ils s'ouvrent à tout le monde ; ils sont le
prolongement de la rue ; on y entre sous tous les
prétextes, pour y acheter des fleurs, un journal,
manger un sandwich, donner un rendez-vous, prendre
un café, sans parler de certains besoins qu'il est
impossible de satisfaire ailleurs à New York. En outre,
ce sont des bureaux de télégraphe, toujours pleins, car
le New-Yorkais télégraphie par câble, supercâble,
lettre de fin de semaine, message de nuit à tarif réduit,
mais n'écrit jamais.

Les hôtels modernes, Saint-Regis, Savoy-Plaza,
Plaza, Sherry Netherlands, Ritz Carlton, Ambassador, se rapprochent davantage du type européen ; ils
sont plus silencieux que les précédents, beaucoup plus
chers, les repas s'y prennent dans les chambres ou
plutôt dans les appartements, car il n'est pas d'usage
de recevoir en bas et il n'y a d'ailleurs presque plus de
pièces communes. Ils diffèrent de nos hôtels en ce que
le portier n'y joue pas un rôle de majordome, de
postier, de suisse d'église, de Sganarelle, de policier et
de directeur de conscience ; souvent même il n'y en a
pas, pas plus qu'il n'y a, à New York, de concierge
dans les maisons. On ne sonne jamais les domestiques
et tous les ordres se donnent par téléphone ; les

vêtements ne sont pas brossés ni les bottines cirées si l'on ne s'assure au préalable les services d'un valet payé séparément ; le repassage des vêtements a lieu chaque matin. Les chasseurs s'y nomment *bell boys,* le service des chambres est assuré par un *room service,* à chaque étage ; enfin chose qu'ignorent les Européens et qui, souvent, les fait mal voir, les pourboires ne s'y donnent pas lors du départ, mais chaque fois qu'un domestique entre dans la chambre pour apporter quelque chose, ne fût-ce qu'une lettre ou un journal. Les pourboires sont la plaie des États-Unis, et particulièrement de New York. Les hôtels chers, comme ceux que je viens de nommer (chambres à partir de cinq cents francs par jour sans les repas), ne font pas, dit-on, de bonnes affaires ; on construit maintenant surtout des hôtels bon marché (chambres à cent francs par jour).

Il y a des pensions pour émigrants et des auberges juives, des hôtels pour végétariens, d'autres pour certaines confréries religieuses, d'autres pour célibataires, d'autres pour gens travaillant la nuit (v. les étages de silence au Mac Alpin) ; il y a aussi des meublés réservés aux dames seules ; l'accès, pour un homme, en est assez difficile, s'il ne prend soin, en se faisant annoncer, de se gratifier du titre de docteur, s'étant muni préalablement d'une de ces petites valises noires que tout médecin américain transporte avec soi... Les hôtels où l'on passe les week-ends se trouvent surtout au bord de la mer ou à Long Island ; ils sont fort surveillés par les détectives et les maîtres chanteurs qui guettent les fugues des millionnaires.

Si l'on est en galante compagnie, il faut se contenter des sleepings, de voitures louées sans chauffeur à la journée ou d'une petite excursion dans un de ces bateaux avec cabines particulières qui, en une nuit, vous mènent, par la rivière ou par le canal, à Albany ou à Boston.

Mange-t-on si mal à New York ? Certainement non. On a vu que l'homme de la rue pouvaient trouver, à moins cher que chez nous, une nourriture saine et abondante. New York, malgré sa richesse, est la ville de la quantité, non de la qualité ; si l'on veut des mets de luxe l'on peut se les procurer, mais ils sont sans goût, sans originalité et plus chers qu'en Europe. La faute en est à la prohibition. Un des adages les plus raisonnables de la gastronomie c'est qu'il n'y a pas de cuisine sans vin ; que sont des huîtres sans chablis, une truite sans moselle, arrosée d'eau glacée ? Mais la matière première est belle, surtout les poissons, les crustacés et les légumes frais. La viande toujours plus ou moins frigorifiée ne vaut pas la viande anglaise ; le gibier n'existe pas ; la pâtisserie, confectionnée par les Viennois, est la meilleure qui soit et je la préfère à celle du Vienne d'après guerre. Les primeurs arrivent en abondance, toute l'année, de Californie et se trouvent sur toutes les tables, même dans les restaurants populaires. Les huîtres américaines sont énormes (certaines, grandes comme une main) ; elles ont moins de goût que les nôtres mais se vendent meilleur marché, fort appétissantes sur leur couche de glace pilée. *Cape-cods*, *blue-points*, fades et relevés de sauce tomate, se mangent partout et sous toutes les formes, en soupe, en salade, en beignets, mais jamais meilleurs qu'au bar de la Gare du Great Central ; les palourdes américaines ou *clams* sont délicieuses, surtout bouillies dans la crème, ou à l'eau ; le *clam-chowder* est un plat national. New York se nourrit comme un cosmopolite : il a pris aux émigrants allemands leurs confitures, leur charcuterie, leurs delicatessen, aux Juifs leurs sucreries, aux Français leurs sauces ; ses plats préférés sont la salade de langouste, le poulet frit, le maïs sucré. Moins que l'Américain de l'ouest, mais cependant encore trop, le New-Yorkais mélange tout cela sur une même assiette, commande son café en même temps que sa soupe et engloutit le repas cuit électriquement que lui expédient des domestiques pressés, qui ont envie d'aller danser. On vit au restaurant ; dans les appartements, il n'y a pas de table ni même de salle à manger, éléments essentiels de la civilisation française. On dévore debout, sur des tabourets. Aussi, à quarante ans, tous les Américains sont-ils dyspepsiques, comme en témoignent les milliers de remèdes proposés par les journaux.

New York est une ville mangeuse de viande ; les savants nous ont dit que manger de la viande équivaut presque à boire de l'alcool ; le New-Yorkais est carnivore ; il boit beaucoup, car il lui faut se soutenir et résister le plus possible. La ville engloutit huit millions d'œufs par jour ! Elle a une horreur biblique pour ce qui est impur ; aussi ses restaurants ont-ils l'air de cliniques ; le moindre sandwich, le moindre morceau de sucre est vendu dans des sacs hermétiquement clos, les verres en papier sont jetés dès que l'on y a bu. On se souvient des scandales de Chicago et de ses conserves avariées, du succès qui accueillit la *Jungle* d'Upton Sinclair ; ce temps n'est plus depuis les lois draconiennes de Roosevelt sur l'introduction des produits chimiques dans la nourriture (*Pure food bills*). Dans les marchés, tous les produits sont étiquetés, classés, définis ; dans les halles circule une armée d'inspecteurs de viandes et de surveillants spécialistes des légumes, des fruits et surtout du lait ; le lait est contrôlé continuellement (il y a trois classes de lait) et tous ceux qui le manipulent doivent avoir passé un examen médical. L'on compte que la moitié de l'arrivage quotidien aux marchés est détruit. « Des

restes de New York on ferait vivre l'Asie », me dit
Claudel.

On mange peu et tout le temps. Il n'y a pas d'heure
ni de lieu de repas ; tantôt on déjeune dans les sous-
sols et tantôt on dîne sur les toits ; parfois aussi en
surface. Nous avons vu que les restaurants les plus
réputés de la Ville Basse sont d'anciennes tavernes
coloniales ou *coffee-houses*. Dans la Ville Moyenne, il
faut mettre au premier rang le vieux Cavanagh's, le
Brevoort et le Lafayette. L'Algonquin est le rendez-
vous des écrivains et des acteurs ; Georges, le maître
d'hôtel, son cordon de velours turquoise à la main, sait
barrer l'accès du sanctuaire à tout ce qui n'est pas
célèbre dans Manhattan. Au haut de la Ville Moyenne
se trouvent les meilleurs restaurants de luxe : le Ritz,
le Biltmore, Pierre, le Plaza, Marguery, Voisin,
Sherry, Saint-Régis, Ritz Tower où les Américains
trouvent ce qu'ils vont chercher l'été, à Paris et ce
dont ils sont particulièrement friands : les crêpes
Suzette, les pêches flambées, les moules marinière, les
escargots et les rognons à la fine.

A New York on reçoit et l'on invite plus que
partout. Dans ces endroits élégants se donnent les
innombrables dîners qui précèdent les danses, les
débuts dans le monde, les bals masqués, dîners
d'adieu, dîners de retour, dîners de sociétés, de clubs,
tout ce qui rentre dans le cadre de ce que la presse
mondaine nomme, implacablement, *social activities*.
Les femmes du monde, abandonnées dans la journée
par l'élément masculin qui chasse le dollar dans Wall
Street, déjeunent seules au Ritz ou au Colony-Club.
Au haut de la ville, le meilleur restaurant est le
Claremont, qui domine l'Hudson, fort agréable en été.

Quant aux restaurants populaires, j'ai déjà parlé de
l'Automatique et de l'Exchange. Les plus répandus
sont les Child's, dont les *cafeterias* dans des décors

mexico-californiens sont remplies à toutes les heures de la journée. On lunche aussi dans les grands magasins, les musées, chez les pharmaciens et dans les endroits les plus inattendus.

J'ai vu deux ou trois restaurants d'un type assez singulier dont le plus connu est Marcel : on y trouve, pour un dollar et demi une abondante table d'hôte, mais tout ce que vous laisserez dans votre assiette vous sera compté en plus, sur l'addition, à titre d'amende ; aussi le repas revient-il fort cher à qui n'a pas d'appétit.

Les restaurants étrangers sont très caractéristiques de New York. Ils débutèrent au milieu du XIXe siècle par deux maisons, l'une française, l'autre italienne, Delmonico et Guérin, dont le café renommé faisait passer la nourriture pesante de ces *eating-houses* anglaises, avec leurs viandes saignantes et leurs bières lourdes, vestiges gargantuesques de ces temps où le capitaine Kidd gavait ses prisonniers avant de les pendre à sa grande vergue... La prohibition a été un désastre pour les restaurants français et a ruiné tout un petit monde pittoresque de gargotiers, sommeliers, plongeurs, etc. Les restaurants dits français de Manhattan sont, la plupart du temps, italiens. D'ailleurs, peu à peu, les « trattorie », les « bierstube », les « weinkeller » se sont reconstitués clandestinement, mais on n'y sert en général que des boissons frelatées, à des prix ridicules. Le meilleur restaurant italien est *Moneta*, dans Mulberry Street, le meilleur restaurant allemand est *Lüchow's* dans la Quatorzième Rue ; les restaurants espagnols (avec spécialité de plats mexicains, dont le *chilé con carne*) sont : *Las dos Americas*, dans Pearl Street, *Forno* ou *Chapultepec* dans la Cinquante-Deuxième Rue Ouest ; il existe aussi plusieurs cabarets turcs, dont *Constantinople* et *Le Bos-*

phore (soupe aux champignons), bon nombre de traiteurs hongrois dont *Little Hungary*, une taverne judéo-roumaine, pour les journalistes et les artistes, *Moskowitz*; les boîtes arméniennes entre la Vingt-Sixième et la Vingt-Huitième Rue, où l'on se fait servir le traditionnel kebbab au yaourt et la compote d'oranges aux clous de girofle. Enfin Manhattan compte un grand nombre de restaurants chinois, non seulement dans le quartier chinois, mais dans Colombus-Circle et dans Broadway. Les endroits de nuit fréquemment vous servent un plat chinois, *shop-suey* ou *chow-mien*. J'ai déjà parlé des auberges de Greenwich Village dont les plus connues sont le *Rabbit Hole*, le *Hearthstone*, le *Flamingo* et le *Pepper Pot*. A la confusion des langues vient s'ajouter dans Manhattan celle des plats; beaucoup de restaurants mélangent coupablement les spécialités : le minestrone voisine avec les curries, les gâteaux au miel grecs avec le punch suédois, les schnitzels avec le goulash au paprika, les harengs norvégiens avec le hareng à la Bismarck et le bortsch avec la salade de pousses de bambou. Dieu nous rende le plus tôt possible l'entrecôte Bercy !

Beaucoup d'hôtels ont un restaurant sur le toit, le *roof-garden*, surtout apprécié l'été, bien qu'il soit rarement à l'air libre; parfois même, comme celui du Ziegfeld, il est simplement situé au vingt-huitième étage; le toit du Saint-Régis, avec sa vue sur Central Park, celui du Pennsylvania, face aux couchers de soleil, sur l'Hudson, sont des spectacles essentiellement new-yorkais, que le monde entier imite mal. A la belle saison, éclate aux terrasses une floraison spontanée d'orangers, de magnolias, de camélias et de palmiers, sur les pergolas, autour des piscines, au-dessus de l'enfer qu'est le New York d'été; roof-gardens des hôtels de Brooklyn, si beaux, face à la mer, à minuit, en août, lorsque des projecteurs sillonnent le ciel et offusquent la lune, au-dessus de l'Atlantique.

Aux antipodes des toits, il y a le sous-sol. Le prix du terrain dans Manhattan est tel qu'il faut souvent descendre plusieurs étages pour arriver, non au coffre-fort d'une banque ou à un coiffeur, mais à certains grill-rooms. Ici, le gratte-ciel est devenu le gratte-terre. Malgré leur entrée de terrier, ces catacombes sont de marbre et d'acier; creusant leur chemin entre la tuyauterie compliquée, les fils électriques et le métro, ces restaurants ont réussi à installer des grottes de toutes les couleurs pleines d'allusions mythologiques, des décors vénitiens, des pagodes, des icebergs, et des kiosques en coquilles d'huîtres.

Si l'on ouvre un journal ou un livre d'il y a cinq ou six ans et qu'on y cherche le terme *speakeasy*, on ne le trouvera point; il est né de la prohibition, mais plus tard qu'elle. Le *speakeasy* (m. à m. : « cause-en-douce »), qui évoque le mot de passe chuchoté à voix basse, est un cabaret clandestin avec bar, où l'on sert de l'alcool et du vin. Il faut le fréquenter pour comprendre le New York d'aujourd'hui. Il faut avoir été dans les speakeasies, ne serait-ce que pour ne pas y retourner : je ne connais rien de plus triste. On en trouve quelques-uns dans la Ville Basse, pour gens d'affaires, mais la plupart sont installés entre la Quarantième et la Soixantième Rue; reconnaissables au grand nombre d'automobiles vides qui stationnent à leur porte, ils sont généralement situés en contrebas. Porte close; l'on ne vous ouvre qu'après vous avoir examiné à travers un loquet ou des barreaux. Le soir, une torche électrique éclaire soudain par transparence un rideau de soie rose. C'est l'atmosphère, bien new-yorkaise, du « humbug » ou chiqué. L'intérieur est celui de la maison du crime; les volets sont fermés en

plein jour; on est saisi par une odeur de four
crématoire car l'aération est défectueuse et les gril-
lades sont faites sous le manteau de la cheminée. Des
Italiens trop familiers, ou de faux toreros gras et bleus,
tenant à la main un trousseau de clefs monacales, vous
font traverser les pièces désertes de cet hôtel abandonné. Aux murs grimacent des inscriptions qui
s'efforcent d'être drôles. Quelques dîneurs très
rouges. A une table, des habitués dorment, la tête
dans leurs bras; derrière un paravent, on tente de faire
revenir à elle une jeune personne qui a une crise de
nerfs, tandis qu'un vieux monsieur à lunettes danse
tout seul. L'on mange presque toujours mal, le service
est déplorable, le personnel vous considère d'un œil
complice et n'a pas d'égards pour vous. Le sauternes
est à la glycérine; il arrose un perdreau qui descend du
frigorifique d'un bateau français; quant au champagne, on n'en voudrait pas dans une noce à Vin-
cennes. Et pourtant le speakeasy jette dans Manhattan
un charmant parfum de mystère. Si seulement on y
pouvait boire de l'eau! Certains speakeasies se dissimulent dans des boutiques de fleuristes ou derrière
des cercueils de pompes funèbres; j'en sais un, en
plein Broadway, où l'on pénètre par une fausse cabine
téléphonique; la bière y est excellente; sur un
réchaud, grésillent d'appétissantes saucisses et du
chester fondu sur toast, gratuitement offerts aux
buveurs; les gens ivres en sont expulsés par une porte
latérale qui semble entrebâillée sur l'autre monde,
comme dans les *Nuits de Chicago*. Dans les bas-
quartiers, beaucoup d'anciens *saloons* pour le peuple
ont rouvert secrètement. Tous ces arcanes sont d'ailleurs pénétrables, car il y a, dit-on, vingt mille
speakeasies à New York et il est peu vraisemblable
que la police les ignore; je crois bien qu'on ne les
oblige à fermer que lorsqu'ils refusent de se montrer

aimables envers qui de droit, ou qu'ils vendent trop de
poison. L'alcool a un cours à New York, aussi variable
que ceux de la Bourse; en moyenne le champagne
d'année coûte quarante dollars (1 000 F), le cognac et
le gin douze dollars (350 F) la bouteille. Le speakeasy
est fort populaire dans toutes les classes de la société;
les dames y vont volontiers et même, entre deux bals
blancs, quelques débutantes, ce qui, au moins, est une
agréable diversion pour le Français qui n'a pas
l'habitude de boire comme les Américains. Déjà, en
1864, Duvergier de Hauranne arrivant à New York
écrivait : « Quant à moi, j'en serai quitte pour environ
vingt-cinq visites, vingt-cinq verres de sherry, que je
trouverai bien moyen d'escamoter adroitement. Si les
Américains boivent tant d'eau glacée dans les chemins
de fer, c'est faute de mieux et parce que les *drinks* de
toute nature ont allumé en eux un feu inextinguible...
Les femmes délaissent les vins fins de France et
d'Espagne pour ce fameux " Bourbon-whiskey " dont
un brave Yankee demandait à un prince de la Maison
de France de lui envoyer quelques bouteilles, pensant
que les Bourbons étaient une famille enrichie dans la
fabrication de ce breuvage. »

Une femme d'esprit me dit : « Cette prohibition est
bien agréable; avant elle, aucune femme convenable
ne pouvait entrer dans un bar; aujourd'hui, personne
ne s'étonne plus de nous y voir. »

Madison Avenue double sans éclat cette vedette
qu'est la Cinquième Avenue. Petites modistes, boutiques d'art paysan, hollandais, russe, couturières vendant des modèles copiés à Paris pendant la saison,
trousseaux, lingerie fine. Abandonnons ces mornes
parallèles, puisque nous voici justement à la hauteur
de la grande gare de New York. Il faut y entrer, non
seulement pour prendre le train à destination de

Chicago, du Canada ou du Pacifique, mais pour visiter ce palais du Départ, chef-d'œuvre d'un véritable ami de la France, l'architecte Whitney Warren. Le *Great Central* est une gare plus élégante que Pennsylvania Station ; d'ailleurs est-ce une gare que cette galerie de pierre polie qui s'éclaire par d'immenses arcades vitrées et où, tranquillement, circulent des voyageurs sans bagages ? Des restaurants, des bars, des pharmaciens, des coiffeurs, des libraires, des marchands de gramophones ou de cravates, il y a tout ici, sauf des trains. Aucune âcre fumée, pas d'oxyde de carbone, ni cambouis ni charbon ; des couloirs, les uns pour les voyageurs de banlieue, les autres pour ceux des grandes lignes, mènent en pente douce à des boutiques brillamment éclairées. Bien qu'il n'y ait d'autre dégagement qu'une rue ordinaire, la file ordonnée des taxis s'allonge dehors sans encombrement ; à chaque portière attend un porteur nègre à képi rouge, un *red cap,* qui prend aussitôt le numéro de votre place, s'empare de vos valises, disparaît et vous retrouve au train. Ces trains invisibles, on finit par les découvrir enfin au sous-sol ; aucun bruit sous ces coupoles de mosaïque, aucune hâte, car tout le monde a déjà pris son billet dans les hôtels ou dans les grands magasins ; quant aux bagages, ils ont été cueillis à domicile, sur simple coup de téléphone, deux heures avant le départ, par des compagnies de transport privées.

Lexington Avenue n'a pas les belles façons de ses voisines ; c'est un quartier de petits antiquaires qu'on voit l'été en France ou en Angleterre — couples de vieilles filles, vieux ménages de garçons — suivre les ventes de province, inspecter le boulevard Raspail ou le Rastro, dévaliser Beecham Place ou le Caledonian Market et en rapporter des pipes second Empire en verre filé ou des tabourets en papier mâché à incrustations de nacre. Il y a tellement de fausses antiquités dans les magasins de New York que les fabricants de meubles modernes américains se sont émus et demandent la protection des douanes, tant de Louis XV importé de France finit par nuire à la production des fauteuils en acier! Ce quartier est recherché d'une nuée de jeunes Narcisses anglais ou français, artistes d'un savoir généralement assez limité, mais très bien mis, dont le gros travail est d'aller aux thés des dames âgées; ils gagnent fort bien leur vie à décorer des appartements avec un goût gracieux et d'une perversité naïve.

Il existe à New York certains garages auxquels sont attachés des spécialistes (de la carburation, des pneus, du pont arrière, des roulements, etc.) qui, en quelques heures, inspectent votre voiture sur toutes ses faces : on vous remet un verdict à la suite de quoi vous savez exactement pendant combien de temps et de kilomètres vous pouvez encore rouler avant de revendre votre auto. De même, dans la Quarante-Troisième Rue, l'*Institut de prolongation de la vie* vous offre d'examiner préventivement votre corps : pendant plusieurs jours vous appartenez à des techniciens, des chimistes, des physiologistes... et vous sortez ayant appris que votre cœur a vingt ans, vos yeux trente, votre prostate quarante, votre estomac cinquante et que vos cheveux n'en ont plus que pour quatre ou cinq ans à vivre ; mais attention à la moelle épinière ! Un an tout au plus : c'est le moment de prendre une assurance sur la vie.

Redescendant Lexington Avenue, après le Great Central Palace, où se tient le Salon de l'automobile, je passe devant de très récents gratte-ciel, le Graybar Building et surtout le Shelton, d'un rouge sombre, presque sans fenêtres, qui ressemble à une forteresse siennoise. Au bout de l'avenue, je débouche dans le charmant square où elle prend naissance, *Gramercy*

Park. Avec son jardin privé, clos à l'anglaise d'une grille dont chacun des propriétaires de l'endroit a la clef, Gramercy Park et ses vieilles maisons, son air respectable, sa population tranquille, fait un peu penser au Palais-Royal. Les gens de théâtre y ont leur club, le Player's Club, dans l'ancienne maison de l'acteur Booth. Jusqu'à la guerre, Princeton et Columbia y possédaient le leur ; aujourd'hui, à l'instar de Harvard, ces clubs des universités ont été s'installer dans des quartiers plus centraux. De Gramercy Park on atteint, par Irving Place, la Quatorzième Rue. D'un aspect européen, bordée de maisons basses, Irving Place fut jadis le centre *fashionable* de New York ; Académie de musique, maison de l'écrivain américain Washington Irving ; Tammany Hall, forteresse du parti démocratique, dont il est si souvent question dans la politique municipale irlando-new-yorkaise, domine de sa masse cette petite rue provinciale.

J'ai sous les yeux une vieille estampe représentant *Broadway* en 1830. Grand boulevard boueux, planté d'arbres, presque désert, où roulent çà et là quelque berline jaune, haute sur roues, des diligences tirées par quatre chevaux blancs, suivies de cavaliers à large feutre. Washington Irving, Hawthorne, Dickens, Clay, Lincoln, habitaient là.

« C'est la plus belle rue de la plus belle ville du monde », disait Poe dans le premier numéro de son *Broadway Journal*, il y a cent ans ; et Duvergier de Hauranne : « Allées silencieuses et ombragées d'arbres touffus. Souvent un catalpa, dans une cour, se penchant par-dessus la muraille, envahit la rue où pendent ses vertes guirlandes. Des maisons rouges bâties de briques qui s'entourent de grilles élégantes sur le seuil desquelles, le soir, les enfants jouent... »

Les enfants qui jouent aujourd'hui à Times Square,

surnommé « le coin des vingt-quatre heures » sont de grands enfants. Ils jettent les dollars gagnés à Manhattan. C'est ici le centre d'où rayonnent les grands magasins et les divertissements.

Les grands magasins sont faits pour la foule de New York et elle les emplit. La rue s'y déverse, docile comme ailleurs, se servant elle-même correctement ; elle y mange, y loue des autos, des danseurs, des convives, y consulte des médecins, s'y marie ; y assiste à des concerts, à des expositions. On paie rarement comptant, les occasions sont nombreuses, car la mode rejette immédiatement tout ce qui a cessé de plaire. Dans les premiers jours de janvier 1929, je m'étonnais qu'une malle me fût vendue avec 50 p. 100 de rabais : « C'est le modèle 1928, me dit le commis, cela ne se fait plus du tout. »

« Ainsi, écrit Paul Adam, la plupart des Juifs et des Yankees bibliques s'évertuent dans les shops, la boutique, le bazar, le magasin et le dock pour fonder un de ces emporiums pareils à ceux des Tyrs, des Sidons et des Carthages, cités originelles des espérances ancestrales. »

En 1762, chaque New-Yorkais était encore tenu d'allumer une lanterne devant sa maison. Une photographie de Broadway dans un journal de 1909, le représente tout glorieux d'un rayonnement nocturne qui vaut à peu près celui de notre place de l'Opéra, actuellement. Aujourd'hui, par un soir d'hiver, j'arrive à Times Square, vers six heures. C'est la plus belle heure de Broadway. Jusqu'à minuit, New York prend ici son bain de lumière.

Lumière non seulement blanche mais jaune, rouge, verte, mauve, bleue ; lumières non seulement fixes, mais mobiles, tombantes, tournantes, courantes, zigzagantes, roulantes, verticales, horizontales, dansantes, épileptiques ; des cadres tournent, des lettres apparaissent dans la nuit. Cette affiche de Chevrolet, jaune, bleue et verte, n'existait pas l'année dernière ; ni ces télégrammes de feu, qui courent maintenant autour des maisons, les ceinturant d'événements lumineux. La foule, tête levée, épèle les nouvelles :

C...O...O...L...I...D...G...E...
P...A...R...T... P...O...U...R...
M...I...A...M...I...

Vides et noirs à partir de sept heures quand les bureaux sont fermés, les gratte-ciel s'enflamment à leur surface, jusqu'au point où ils se perdent dans la brume.

Dans la Quarante-Deuxième Rue, c'est une belle matinée d'été, toute la nuit ; on porterait presque des pantalons blancs et des chapeaux de paille. Les théâtres, les night-clubs, les palais cinématographiques, les restaurants font feu de tous leurs sabords. Prismes inédits ; arc-en-ciel carrés. Quand il y a de la pluie ou des nuées par là-dessus, c'est encore plus beau ; la pluie devient une eau d'or ; les gratte-ciel disparaissent à mi-hauteur et l'on ne voit plus que le halo de leurs coupoles suspendues dans un brouillard de couleur, comme certains soirs, sur la place Rouge du Kremlin, le tombeau de Lénine. Et quand les tempêtes de neige, ces redoutables *blizzards* qui s'abattent en quelques secondes sur New York font une petite neige sèche, poudre fine qui vous aveugle, poignée de sel, se glaçant aussitôt sur le sol, les passants sont couverts de neige rouge, de neige verte, les autos vernies étincellent, les flocons tombent dans les hermines.

Great White Way... The roaring forties... La Grande Voie blanche... les bruyantes Quarante et ...ièmes Rues. Toute l'Amérique rêve d'avoir un Broadway.

Le besoin de s'amuser éclate comme une révolution. Broadway est un port où l'Amérique tire ses bordées ; auprès de ceci les rues de Shanghai, de Hambourg, sont des ruelles obscures. Fête menteuse des villes, mais menteuse seulement le lendemain, comme toutes les fêtes. Il n'y a qu'une vérité, c'est celle du soir même ! *Stimulating, spectacular*, répètent sans cesse les journaux ; c'est l'existence à grand spectacle. Vingt mille enseignes électriques sur cette place ; vingt-cinq millions de bougies. Quand les façades sont trop encombrées, des réflecteurs suspendus au bout de tiges de fer s'avancent et pendent au-dessus des trottoirs. L'amiral qui vient de bombarder le Nicaragua, quelles ont été ses premières paroles, après la bataille ? les voici, en lettres de feu : « LES CIGARETTES L. L... N'IRRITENT PAS LA GORGE. » La Quarante-Deuxième Rue, comme mille places Pigalle, un soir de Noël, mises bout à bout. On oublie l'histoire. La nature, la mer, les dieux, sont remplacés par des mots nouveaux, qu'il faut apprendre. A Paris, il n'y en a qu'un, que le ciel, spasmodiquement, nous enseigne : Citroën ; à New York il y a Lasky, Ziegfled, Goldwyn, Meyer... Consommation instantanée de beautés, de renommées, de talents. La mode du Boulevard, disait-on chez nous, brûle vite ses favoris : mais soixante ans après ils sont encore là. A Broadway, le génie fait une carrière aussi courte qu'un pugiliste ; il ramasse cent millions en deux mois, puis reçoit un coup de poing sous le menton ; on l'emporte, c'est le tour d'un autre.

Marchandes de noix glacées au caramel, d'amandes grillées, de pékans, où avons-nous déjà vu cela ? Plus bas, dans Orpington Street, dans le ghetto. Encore *La Fin de Saint-Pétersbourg*, mais ici la guerre sociale n'a plus aucun sens. C'est la victoire ! La lampe électrique n'est plus un appareil d'éclairage, c'est une machine à fasciner, un appareil à anéantir. L'électricité farde cette foule fatiguée, décidée à ne pas rentrer chez elle, à dépenser son argent, à s'aveugler de faux jour.

Dans la Quarante-Cinquième Rue, il n'y a plus de fenêtres aux immeubles : rien que des lettres ; c'est un alphabet en ignition, une conspiration du commerce contre la nuit ; dans le ciel, un aéroplane-réclame.

Coup de sifflet : autos lancées à une vitesse folle, qui vous soufflent chaud à la figure ; à 20 heures 30 passent celles qui conduisent leurs clients aux pièces sans musique ; à 20 heures 50, celles qui se rendent aux spectacles musicaux : ainsi le prescrit la nouvelle ordonnance de police. Et les autres ? Il n'y a plus rien dans Broadway que des gens qui vont au théâtre... CANDY en bleu... SODAS en vert... On ne sait plus ce qu'on doit penser, dire, voir, croire, chiquer, boire, fumer. SODAS en vert... CANDY en bleu... cris des freins. Il ne fait plus ni chaud, ni froid, ni humide ; il n'y a plus qu'une latitude, celle des plaisirs.

Des projecteurs balaient ce qui reste de ciel.

Le théâtre à New York.

On peut dire qu'en 1914 le théâtre américain était à peu près inconnu en France et en Europe. Or, seize ans plus tard, *Show Boat*, *Mary Dugan*, *Rosemary*, *Blackbirds*, *Hallelujah*, etc., triomphent à Paris, *What price glory*, sous le titre de *Rivalen*, à Berlin, *Porgy*, *Strange Interlude* à Londres. Que s'est-il passé entre-temps ? Allons à New York. Entrons dans une de ces agences théâtrales — car le guichet de la « location » est chose presque inconnue, — dont la plus célèbre est Tyson. Une centaine de téléphonistes appuyés sur le coude soufflent tous à la fois dans une centaine d'entonnoirs. « Vous voulez un fauteuil au Ziegfeld ?... Rien avant dix-huit jours... A l'Empire ?... Peut-être dans une semaine. » Jamais de place dans les théâtres. Une pièce à succès est louée, dès la générale, pour dix ou douze semaines par les agences. Sauf à l'Opéra, où il est de seize dollars (400 francs), le fauteuil d'orchestre coûte nominalement trois ou quatre dollars (75 ou 100 francs); mais les intermédiaires doublent et triplent clandestinement ce prix. Le théâtre à New York est un divertissement cher; par contre, pas de pourboire, pas de strapontins et le programme gratuit.

Ce sont les Anglais qui donnèrent aux Américains le goût de la comédie; en 1752, joue la première compagnie anglaise. Les acteurs allaient alors de maison en maison, distribuant le programme et vendant les billets; à la fin du XVIIIe siècle leurs officiers en garnison à New York tenaient volontiers les premiers rôles, les lieutenants blonds jouant les personnages de femmes, comme au temps de Shakespeare; en 1775, c'est-à-dire douze ans après Londres, on donnait à New York *L'École de la médisance*. La première comédie américaine, *Contrast*, de Royal Tyler, se ressent de l'influence de Sheridan. Dunlap et Payne, à l'époque romantique, utilisent tous les déchets européens. Dans la Ville Basse, ce furent, jusqu'au milieu du XIXe siècle, le vieil Olympic, le Lyceum, le Fifth Avenue Theatre, Thalia, Niblo's, Old Broadway Theatre; un public fidèle suivait toutes une vie ses idoles, les ensevelissant sous les bouquets; il y avait un acteur-type par génération; Davenport jouait la tragédie aussi bien qu'à Drury Lane. Booth fut le plus grand des Hamlet. Ni à la Section théâtrale de l'Université de Columbia ni à la N.Y. Library, je n'ai découvert un seul bon livre sur l'histoire du théâtre proprement new-yorkais[1], mais, à travers les romans et les journaux de l'époque, on peut se rendre

1. Depuis que ces lignes ont été écrites, Léonie Villard a publié en France un excellent livre sur l'ensemble du théâtre américain.

compte que, jusque vers 1890, New York a les yeux fixés sur Londres. De tout ce théâtre du XIXe siècle, que reste-t-il ? Qu'en a connu l'étranger ? Rien.

L'émancipation new-yorkaise de la fin du siècle a aussitôt son contrecoup sur la scène. Cela commence, dès 1900, par des pièces policières ou exotiques (*Madame Butterfly*). Ce n'est pas encore grand-chose, mais du moins cela ne doit plus rien à l'Europe. De la génération qui précède immédiatement la guerre, nous ne connaissons qu'un nom, Edward Sheldon, l'auteur de *Romance*, Clyde Fitch, en 1906, reprend la tradition de la comédie de mœurs, dans laquelle, dès 1845, Mrs. Mowatt avait connu, avec *Fashion* ou *La Vie à New York*, un succès sans lendemain, et donne *Un beau parti*, satire des mariages entre Américaines et altesses du Vieux Monde.

Le théâtre bondit d'Union Square dans le Broadway actuel. Augustin Daly et Charles Frohman, les premiers grands impresarii, s'annexent à coups de dollars les étoiles européennes. « Madame » Sarah, Réjane, Irving, Calvé, Ellen Terry débarquent à New York. C'est l'époque historique des comédies de Wilde et de Pinero, des premières pièces d'Ibsen et de Shaw. Ce que Frohman est pour la comédie, Oscar Hammerstein l'est pour l'opéra. Manhattan se forme le goût ; le vieux mélo a vécu. La nouvelle comédie musicale, à l'anglaise, style *Geisha : La Poupée, Belle de New York*, fait fureur et ne sera détrônée que par l'opérette viennoise. Le music-hall, à l'imitation de l'Empire ou de l'Alhambra de Leicester Square, se développe à son tour. On veut avoir toutes les étoiles de Paris, jusqu'à Cléo de Mérode et à la belle Otero. Le music-hall adopte les procédés anglais, mais demeure spécifiquement new-yorkais. Il est né dans la Ville Basse, dans les quartiers juifs, sorte de *commedia dell'arte* néo-hébraïque, nommée *burlesk*. Tel on peut le voir encore dans maint bas quartier, principalement au National Winter Garden ou au théâtre d'Irving Place. Ici, ce ne sont plus des acteurs réalistes entourés de coreligionnaires à la Rembrandt, se roulant dans des scènes d'épilepsie au-dessous du portrait barbu de Karl Marx suspendu au mur comme une icône, c'est le music-hall originel, avec son audience de calicots en pantalon à pattes d'éléphant, audience uniquement masculine. Les figurantes ne sont plus vêtues que d'un soutien-gorge et d'un caleçon. Ces costumes sont beaucoup plus indécents que le nu d'art du Casino de Paris, qui choque tant les Américains, à cause des seins découverts ; les vedettes se croient obligées à des torsions de croupe et à des ballottements de la poitrine, du genre « moukère » ou *rumba*, dit *kooch dance*, qui plaît infiniment à ces salles d'Orientaux. C'est d'ici que partit cet usage de suspendre un pont au-dessus de la salle, si en vogue un peu avant la guerre ; lorsque les dames passent à hauteur des têtes des spectateurs, certains, fort allumés par cette proximité, déposent le long de la rampe leur carte de visite... Le spectacle change tous les vendredis, avant le sabbat. Une fois par semaine, le mercredi soir, on met aux enchères les vêtements de la plus jolie figurante ; au fur et à mesure qu'ils sont adjugés, celle-ci se déshabille... Pendant les entractes, pendant qu'on boit des citronnades dans des verres en carton, on procède à de nouvelles enchères. Cette manie américaine des enchères, soit au théâtre, soit sur les paquebots, dans les *pools*, vient tout droit de la synagogue où la Communauté, certains jours, procède ainsi. J'aime la vulgarité, la drôlerie forte, l'obscénité élisabéthaine de certains pitres adorés du public des *burlesks*. C'est le bas New York à l'état pur.

Dans Broadway, le *burlesk* est devenue *burlesque* (le *k* allemand a disparu entre la 14e et la 35e Rue ; nous

sommes dans un quartier plus élégant, qui a droit à la
terminaison française) ; il y a aussi le *vaudeville,* puis
les *follies* de luxe, superrevues genre Ziegfeld, analogues aux nôtres. Plus haut encore viennent la comédie
musicale et la comédie proprement dite ; celle-ci
comprend le *melodrama,* genre très new-yorkais,
mélange de comique et de tragique (*Broadway, Le
Jugement de Mary Dugan, Une tragédie américaine*)
qu'il ne faut pas confondre avec le vieux mélodrame,
semblable au nôtre.

Quittons pour un soir Broadway à destination de la
banlieue lointaine de Hoboken. Hoboken est à une
demi-heure de Manhattan, sur cette rive du New
Jersey où l'on n'accédait jadis qu'en bac ; aujourd'hui,
l'on passe par le tunnel, sous l'Hudson. Hoboken est
un quartier allemand. Un groupe d'écrivains et d'artistes sous l'impulsion du poète Christopher Morley,
eut l'idée cette année d'élire la scène de ces régions
plus perdues encore que notre Odéon, pour y remettre
à la mode l'antique mélodrame d'il y a cent ans. Ainsi
à Londres, au lendemain de la guerre, on s'empressait
à Hammersmith, au *Beggar's Opera.* Tout New York
courait l'hiver dernier au Vieux-Rialto, d'autant plus
volontiers que, loin de l'œil de la police fédérale, on y
pouvait boire, sans se cacher, d'excellente bière dans
les *bierkeller* allemands. Le mélo s'intitulait : *A la nuit
tombée (After dark),* avec, en sous-titre : *Ni fille, ni
femme, ni veuve.* La salle s'amusait à la folie, sifflait le
traître, caché dans les caves à vins, et se tordait à
entendre les tirades des acteurs en chapeau haut de
forme et à favoris. Quand l'héroïne s'écriait : « Après
tout, c'est mon mari, et pour lui je donnerais ma
vie ! », la salle croulait sous les bravos et les
« encore »… Dehors, nous nous retrouvions, vers une
heure du matin, dans un épais brouillard hanséatique,
où l'on devinait à peine les bateaux fantômes de la

Holland Amerika Linie ; on n'entendait parler qu'allemand dans tous ces bars germaniques où une bière
mousseuse coulait hors des pots d'étain.

Aucune ville n'aime autant le théâtre que New
York ; elle possède plus de deux mille salles de
spectacle. C'est le centre dramatique des États-Unis
(bien que dans ces derniers mois, les meilleurs acteurs
soient partis pour Los Angeles, attirés par le film
parlant). Presque toujours, les dîners de moins de huit
ou dix personnes se terminent au spectacle ; la plupart
des cabarets de nuit offrent de véritables revues.
Depuis un an ou deux, on s'est mis à donner un peu
partout, et avec le plus grand succès, à partir de
minuit, une seconde représentation qui dure jusqu'à
trois heures du matin.

Le très célèbre Metropolitan Opera (que précéda le
Grand Opera House, devenu aujourd'hui théâtre juif)
se trouve entre la Trente-Neuvième et la Quarantième
Rues, mais il va être prochainement démoli, et il le
mérite bien. La société new-yorkaise, semblable en
cela à celle de Londres, est beaucoup plus fidèle à ses
abonnements à l'Opéra que la nôtre. Les générations
se succèdent, depuis 1868, résignées à y entendre *Le
Trouvère*, avec un égal plaisir. Parmi les plus anciens
théâtres, il y a le Knickerbocker où jouèrent Coquelin,
Sarah, Jane Hading, Tree, le Théâtre de la 44ᵉ Rue, le
Belasco, le Lyceum, l'Astor, le Théâtre de la 48ᵉ Rue,
l'Ambassador, le Century, le Garrick, qui accueillit
pendant la guerre le Vieux-Colombier ; ce sont surtout
des théâtres de comédie. Cameo, Broadway, Rialto,
Criterion, Lœw, Tivoli, Ziegfeld, sont des théâtres
d'opérette, dont plusieurs devinrent des cinémas.
Ziegfeld possède le Ziegfeld Roof, le New Amsterdam
et le Ziegfeld Theatre, la plus charmante salle de New
York. La première représentation de *Show Boat*, en

janvier 1927, fut une des premières les plus brillantes
que j'aie jamais vues. Le Morosco, le Times Square,
l'Etlinge (et ses admirables revues nègres), Playhouse,
le Shubert, le Casino, Empire, Ritz, Bijou, Henry
Miller's, sont toujours pleins. Les « productions »
donnent lieu à des spéculations insensées. En dehors
des grands impresarii, un Gilbert Miller, un David
Belasco, en dehors des acteurs qui possèdent une
scène (ce qui est assez rare), mille combinaisons d'un
jour se forment entre gens d'affaires inconnus, entre
spéculateurs précaires, ignorant tout de l'art dramatique, prêt à lancer une pièce avec juste assez de
capitaux pour la soutenir pendant une semaine, mais
qui tentent un coup de chance, une mise dans le mille,
un *hit*. Les pièces ne se donnent à New York que
lorsqu'elles sont tout à fait au point et qu'elles ont déjà
été essayées en province et en banlieue. Les premières
sont très courues. Tout le monde des journaux, de la
littérature et du cinéma est invité et y assiste. Un
succès tient souvent la scène deux à trois ans. Le New-
Yorkais est très bon public, il arrive toujours à
l'heure, écoute bien, s'amuse de peu.

Les acteurs de New York sont excellents ; en vain
chercherait-on parmi eux une Duse ou un Guitry,
mais la moyenne est supérieure à celle de l'Europe.
Nos acteurs jouent mou. Les leurs ont du naturel, un
dynamisme inouï ; les détectives ont l'air de détectives, et les messieurs de messieurs ; les femmes
sont avant tout jeunes et savent composer des
types très variés ; elles ont de la violence, une
grande force comique, se soucient peu de leur beauté,
ne reculent pas devant la caricature et rendent
admirablement ces brusques accès de rire et de
larmes qu'on voit si fréquemment chez la femme
américaine.

Le théâtre d'avant-garde américain a connu le succès plus vite que le nôtre ; il a passé plus directement au grand public. En 1915, les « Washington Square Players » ne donnaient guère que de l'Ibsen, du Maeterlinck, des drames *nô :* c'était l'Œuvre, avec vingt ans de retard. Aussitôt la guerre finie, le « Theatre Guild » et « Provincetown Players » produisent des pièces américaines de Dreiser, d'Eugène O'Neill. Influence d'Hollywood. Rupture avec les genres conventionnels ; le tableau bref remplace l'acte ; on met des masques ; un critique n'ose plus dire d'une pièce que « ce n'est pas du théâtre », de peur d'avoir l'air d'un vieux monsieur. Une imagination que le cinéma a libérée de toutes limites, sauf de celles de la convenance, s'épanche dans *L'Empereur Jones, Le Grand Singe poilu,* etc. Théâtre très américain. C'est, portée sur la scène, l'attitude antieuropéenne de l'*American Mercury,* dont le critique dramatique, mon ami G. J. Nathan, le meilleur disciple de Mencken, déclare que Londres est devenu une ville de province. Puis vient l'influence de Freud, c'est-à-dire le droit de parler librement des questions sexuelles ; *La Prisonnière,* premier essai plein de goût et de mesure, a un si vif succès qu'elle donne naissance à des imitations américaines et qu'on peut bientôt prévoir que des excès « berlinois » vont suivre. Mais le puritanisme n'est pas mort : l'interdiction de la pièce de Bourdet marque une régression. Aujourd'hui le théâtre jeune, avec miss Eva Le Gallienne et le *Civic Repertory,* semble revenir à sa première formule cosmopolite.

O'Neill, qui faisait vivre l'avant-garde, a passé au grand public. Il y a chez lui d'extraordinaires dons scéniques. Il est né sur les planches. Il a l'imagination la plus vive. Il dépeint toutes les classes de la société américaine, qu'il a pu connaître au cours d'une vie

aventureuse. Mais il n'est pas sans habileté. S'il nie
l'Europe, c'est après l'avoir dépouillée. Sans parler
des essais de mise en scène simultanéistes, et en
général de tous les procédés techniques germano-
russes, qu'il utilise largement, O'Neill doit beaucoup
à Lenormand, à Pirandello ; *Strange Interlude*, c'est le
monologue intérieur de Joyce porté à la scène. Quand
il « pense », O'Neill est assez primaire. Dans *Dynamo*,
sa dernière pièce, il se demande si la Science rempla-
cera Dieu — sorte de problème que personne, en
Europe, ne se pose plus depuis vingt ans. Une
audience ravie l'écoute. Les pièces à idées, qui
auraient bien chez nous cinq représentations, font
recette, de même que, dans un genre différent, *Le
Miracle*, sorte d'affreuse messe aux Folies-Bergère,
monté par Reinhardt (Reinhardt, qui n'a plus beaucoup d'influence dans l'Allemagne nouvelle, est
encore considéré aux États-Unis comme un oracle).
D'ailleurs, ce n'est pas ce théâtre-là qui vient à Paris ;
les thèses, le pessimisme, les vérités premières, nous
en avons à revendre ; ce qu'il faut à notre public, ce
sont des pièces simples, même médiocres, mais
pleines d'une électricité new-yorkaise.

Nulle part il n'y a autant de théâtres étrangers qu'à
New York : des troupes allemandes, hongroises,
espagnoles ; trois théâtres italiens, six yiddish. A ses
Juifs, New York, comme Moscou, doit l'intensité de
sa vie théâtrale. C'est dès l'arrivée des émigrants
israélites de l'Europe centrale, à la fin du XIXᵉ siècle,
que la scène américaine s'élance à la conquête du
monde. Il n'y a que quelques tournées françaises,
généralement peu appréciées ; les Guitry sont les seuls
de nos acteurs qui soient aimés à New York, depuis la
disparition de Sarah et de Réjane. Copeau s'y est fait
cependant une bonne réputation.

Les théâtres nègres de Harlem, le La Fayette, l'Alhambra et le Lincoln, ne sont généralement pas fréquentés par les Blancs, sauf le vendredi soir, à la représentation de minuit ; c'est une des curiosités de Manhattan. On a vu à Paris la *Revue nègre* et *Blackbirds* ; c'est toujours, à peu de chose près, les mêmes plaisanteries, les mêmes effets grossiers, mais à mesure que les acteurs beige, gris, chocolat, gesticulent, on dirait qu'ils envoient dans la salle de la force vitale et qu'ils rechargent le potentiel de leur audience ; on ne se lasse pas de la vitesse du jeu, de la virulence de ces comédiens colorés, des négresses qui laissent tomber leurs notes comme des pièces d'argent, de ces chanteurs qui ne sont jamais au-dessous d'un ton, de l'élasticité de leurs membres infatigables, de leur râblure, de leurs bons mots qui éclatent comme des bombes, de leurs rires qui crépitent comme des fusils automatiques, tandis que les tableaux se succèdent frénétiquement. Mais ce que nous n'avons pas, c'est la salle elle-même, les belles dames de la Petite-Afrique dans leurs robes à teintes douces comme des bocaux de confiseurs, les plastrons à boutons trop brillants des élégants de la 135e Rue. Les scènes bouffes, sentimentales ou réalistes du théâtre nègre sont d'une drôlerie et d'une vérité qui touchent au sublime ; parfois il y a des représentations classiques ; je n'oublierai jamais un *Othello,* où Desdémone, en robe rose, était beaucoup plus noire qu'Othello lui-même.

Les grandes firmes cinématographiques ont ouvert sur Broadway, l'une après l'autre, des basiliques. Bien que bondées, ces salles ont coûté tant de millions qu'elles sont toujours en déficit ; mais elles servent à lancer les films ; ce qui en assure ensuite le succès financier, c'est la province, le Centre-Ouest. Cette nécessité de plaire au public moyen explique pourquoi

Hollywood paraît si en retard, sinon techniquement, du moins artistiquement, sur les films allemands ou russes ; stars et studios vivent les yeux fixés sur *Babbitt*, c'est-à-dire sur le spectateur puritain de la petite ville de trente mille habitants ; aussi y répète-t-on à satiété des inepties sentimentales comme *Seule contre le monde* ou *Coupable mais non criminelle*...

On est surpris de voir combien le film tient peu de place dans ces spectacles de variétés : orgues mécaniques où, très loin, on aperçoit, jouant la Messe en ré, devant des couples aux têtes jointes, aux doigts unis, un pianiste polonais que les projecteurs éclairent en mauve ; des messieurs en habit rouge viennent danser sur les mains, puis une chanteuse patriotique crie son adieu aux *marines* qui partent pour les îles Hawaii. Ce genre de spectacle attire la foule, mais éloigne l'amateur de cinéma. Les deux salles les plus extravagantes sont le *Paramount* et *Roxy*. Le Paramount est à la fois Saint-Paul de Rome, le Parthénon et la Vallée des Rois ; lorsqu'il fut terminé, il y a deux ans, ce furent des plaisanteries sans nombre : se référant au crime célèbre où Thaw tua l'architecte Stanford White, quelqu'un remarqua :

— Quel malheur que Thaw se soit trompé d'architecte !...

Quant au Roxy, il dépasse l'impossible. Réussissons à traverser ces foules denses qui y font la queue toute la journée ; à échapper aux grands huissiers galonnés, à la fois policiers et ouvreuses ; entrons dans ce temple de Salomon : atmosphère surchauffée, irrespirable, fracas inexorable de l'orchestre mécanique, qu'une panne d'électricité pourrait seule arrêter ; l'on s'avance au milieu de palmiers et de fougères géantes, dans le palais mexicain de quelque gouverneur espagnol que les tropiques auraient rendu fou. Les murs sont d'un crépi roussâtre qu'on a vieilli en y passant

un jus, les portes de cuivre de l'Arche d'Alliance
ouvrent sur une salle aux coupoles d'or, façon ancien,
au plafond à caissons historiés. Le diable a tendu de
velours rouge ce sanctuaire désaffecté ; une lumière de
cauchemar tombe de coupes en imitation d'albâtre, de
lanternes à verre jaune, de chandeliers rituels ; les
orgues, éclairées en dessous de lueurs verdâtres, font
penser à une cathédrale engloutie et dans le mur sont
réservées des niches pour évêques maudits. Je trouve à
m'asseoir dans un fauteuil profond et mou, d'où,
pendant deux heures, j'assiste à des baisers géants sur
des bouches pareilles aux crevasses du Grand Canyon
— à des étreintes de Titans, à toute une propagande
de la chair qui, sans les satisfaire, affole ces natures
violentes d'Américains. C'est mieux qu'une messe
noire, c'est une profanation de tout : de la musique,
de l'art, de l'amour, des couleurs. Je peux dire que j'ai
eu là une vision totale de la fin du monde. Broadway
m'est apparu soudain comme un immense Roxy, une
de ces richesses nulles, un de ces pièges à joie, un de
ces cadeaux illusoires et momentanés que procurent
les talismans des mauvais magiciens.

— Aujourd'hui, c'est jeudi soir ; il y a hockey sur
glace au Madison Square Garden.
— Et même un match international pour la coupe
Stanley ; Marrons contre Ottawa. Rien que des as *(all
star team)* !
Nous nous faufilons parmi les marchands de saucisses chaudes et d'amandes salées, prenons notre
place aux populaires (deux cents francs la place), dans
cette arène quadrangulaire, noire de monde ; nous
nous penchons au-dessus d'un des balcons drapés aux
couleurs américaines. Des drapeaux partout, comme
aux Invalides (rien ne se prête mieux à la décoration
que l'étendard américain, avec ses étoiles sur bleu

profond et ses belles rayures horizontales de l'époque
Louis XVI). La glace a une couleur ambrée, albâtre
veiné de blanc ; au centre de la piste, sous la verrière,
un bouquet de porte-voix évasés, semblables à des
arums, lance un nasillement qui nous met au courant
de la partie. Le hockey des Américains ressemble
aussi peu au nôtre que leur football n'est notre rugby ;
dans leurs filets, des gardiens de but, énormes à la
base, tout matelassés, bibendums boursouflés de
brassières et de cuissières, ne laissent passer hors de
leurs cuirasses, de leurs carapaces de samouraïs,
qu'une toute petite tête de tortue. Dans le dos des
joueurs, d'immenses numéros transforment de loin la
piste en une sorte de loto brutal, d'arithmétique
rapide, opérations instantanées, aussitôt défaites en
vue de nouvelles combinaisons. Sur les poitrines
s'étalent des animaux, totems traditionnels des municipalités américaines. Rafales de sifflets, puis silence,
tandis que le palet de caoutchouc fait entendre son
heurt mat sur les jambières. Avec une vitesse inconnue en Europe — même aux jeux Olympiques — les
équipes se cherchent ; les joueurs, pliés en deux,
interceptent les passes, tombent par grappes, d'une
chute non pas arrêtée brusquement comme elle le
serait par terre, mais qui continue et se prolonge d'un
bout à l'autre du champ gelé. La piste, rasée par les
arrêts brusques des patins, vole en neige. Dans un
cliquetis effrayant d'acier, de glace et de bois, le
but est marqué. Une lumière rouge s'allume, des
chiffres montent au tableau d'affichage. Hurlements ;
sifflets.

En sortant, je pensais aux livres de Taine et de
Bourget où le mot sport s'écrit entre guillemets...

Il est, à New York, un passe-temps nocturne, fort
en faveur ces dernières années ; ce sont les audiences

des tribunaux de nuit. Chaque atteinte à la loi, commise après six heures du soir et qui n'est pas un crime, est jugée sur-le-champ, dans le quartier même. Les décisions sont foudroyantes. On ne s'endort pas à ce lit de justice. Il suffit d'aller passer un moment, après dîner, derrière la barre, pour voir se succéder, comme des films parlants, une dizaine de petits drames, de comédies, de scènes intimes, qui en révèlent plus qu'un long séjour sur les mœurs new-yorkaises.

Le juge. Derrière lui, le drapeau américain (le drapeau étoilé est partout, dans les prétoires, dans les églises, dans les matches, dans les ventes des grands magasins, à la campagne, au haut du mât des bunga-lows ; quelle fierté à le voir flotter ; et d'ailleurs il est si beau !). Un homme, une femme. Elle avait crié au secours car il l'a mordue, à l'épaule et au cou. On l'a arrêté.

— Est-ce la première fois que votre mari vous maltraite ?

— Non, monsieur le juge.

— Demandez-vous pour lui la prison ?

— Oui, monsieur le juge.

Le juge parle à la victime avec cette partialité courtoise, ce désir spontané de faire crédit, des Américains envers les femmes.

— Avez-vous des enfants ? Pouvez-vous les nourrir ?

— Je peux.

— Bien. Votre mari ira en prison pour six mois.

Cela n'a pas duré cinq minutes.

Vient le tour de deux compères nègres, dont l'un a volé l'autre. Tous deux sont couleur quinquina ; leurs gros yeux terrifiés, leur langage chargé de fleurs, contribuent à embrouiller l'affaire. Cela me rappelle les procès entre voleurs de bœufs, en Guinée.

— Vous dites que la caisse était fermée à cinq heures trente ?

— *Yea, suh.*

— Et qu'à six heures, elle était vide ?

— Yi i i ê ê â a a ah... Le ti'oir que z'ai touzou' soin de fêmé zoigneusement...

— Votre associé Ezra nie avoir pris l'argent. Il dit même qu'il en a remis...

La presse sourit. La salle s'amuse. Il y a de tout dans cette salle, des amoureux qui s'y tiennent par le cou, des messieurs en habit, des oisifs, des gens qui se chauffent, des enfants qui viennent voir punir leurs parents.

Nouvelle pièce ; un monsieur et un agent, grand comme ceux qui font peur aux enfants, dans leurs rêves.

— Vous avez été arrêté au moment où vous traversiez Broadway à pied, à l'heure des théâtres ? Ignorez-vous que c'est défendu ?

— Oui, je l'ignorais, monsieur le juge ; c'est le premier soir du nouveau règlement.

— Que vous a fait le policeman de service ?

— Il m'a bousculé. Comme c'était sa première arrestation, et que cela attirait sur lui l'attention, il s'est fait photographier au magnésium, pour un journal, tandis qu'il me saisissait au collet.

— Est-ce exact ?

— Oui, monsieur le juge, répond l'homme de police.

— Vous êtes acquitté, monsieur, et vous, l'agent, serez signalé à vos supérieurs.

Trois minutes ont suffi, pour rendre ce jugement de Salomon.

Enfin, un Italien hirsute, surpris à faire du bootlegging dans le quartier.

— Qu'est-ce que c'était ?

— Si, si... Du whisky. *Per la mia donna che era ammalata...*

— Où est la bouteille ?

— Elle est en bas, monsieur le juge, répond le greffier. Ce n'est pas une bouteille, c'est une bonbonne ; elle est si grosse qu'elle n'a pas pu passer la porte...

Il est onze heures et demie. Du coup, tous les théâtres se vident dans Broadway, mais les lits ne se remplissent pas pour si peu. Les voitures passent à fond de train afin d'éviter l'embouteillage ; elles contiennent toutes la même Américaine en uniforme du soir, c'est-à-dire cape d'hermine et orchidées. Ces voitures font un détour par les Huitième et Neuvième Avenues, avenues boueuses, mal pavées. New York ressemble encore, à cet égard, au Londres de Dickens ; le luxe y côtoie la misère et à deux pas d'un quartier de millionnaires s'ouvre une rue de taudis : on n'a pas l'impression d'une ville terminée, centrée, comme Paris. Ces contrastes pittoresques expriment l'improvisation ; ces Huit, Neuf et Dixième Avenues, qui font penser à Charenton ou à la route de Flandre, sont soudain inondées de luxe, de voitures magnifiques qui, en bondissant de tous leurs ressorts mous, passent des chaussées provisoires en planches, faisant gicler l'eau des mares, tombant dans des trous, sautant par-dessus les dénivellations d'une cité qui n'a pas encore aplani son sol. Ces rues n'ont certainement pas changé depuis l'époque où Duvergier de Hauranne décrivait un New York « rebutant et vulgaire, avec ses caves effondrées, ses rues fangeuses, et ses maisons irrégulières dont la laideur négligée est celle d'un bazar en plein vent ».

— *Let's go to...* (expression qui se traduit en

parisien, à huit heures du soir par : « qu'est-ce qu'on fait ? » et après minuit par : « où va-t-on ? »).

Cette nuit, aucun nouveau-ruiné ne donne à danser aux autres pauvres, ses amis victimes de Wall Street (*poverty-party*).

— L'orchestre Whiteman joue en ce moment à « Montmartre ».

— Oui, mais Pancho est à Embassy Club.

— Saint-Régis... Daffydil ?

— Vous n'y pensez pas, mes diamants sont au clou...

— Les Russes ? Kavkaz ? Petite Russie ?

— Non, les Russes blancs avec leur obscurité, leurs abat-jour mauves, si en plus il n'y a pas de champagne, c'est le suicide, à coup sûr. Quant aux Russes rouges...

— Texas Guinan ?

— Elle a été tellement poursuivie pour avoir tenu « des lieux désordonnés » que la police elle-même s'est fatiguée d'y descendre.

— Seaglade ?

— Jamais de place.

— Harlem, *sweetie* ?

— Trop tôt, *baby*...

Lorsque nous nous retrouvons sur Madison Square, la grosse horloge de la Metropolitan Life marque une heure du matin ; assurances sur la vie ! c'est bien la peine d'assurer cette vie qu'on brûle ainsi par les deux bouts !

Les cabarets s'ouvrent à minuit. Le divertissement n'y est pas comme à Paris fourni par les clients ou par un couple de professionnels ; c'est tout un spectacle qui est offert, d'un genre plus léger que le théâtre. Il y a bien cinq cents de ces clubs, dont les plus célèbres sont Casanova, Château-Madrid, Lido, Monterey, Ziegfeld Roof, Everglades, etc., suivant l'humeur du plus capricieux des publics. L'Anglais Stefan Graham, qui écrivit l'an dernier sur les endroits de nuit de New York un livre fort spirituel, en cite un grand nombre qui, aujourd'hui, n'existent déjà plus. Il y a une loi dite du couvre-feu (*curfew*), en vertu de laquelle ces boîtes sont quelquefois condamnées à l'amende pour être restées ouvertes trop tard, mais je n'ai jamais bien compris comment on l'applique : il en est de même d'ailleurs du Volstead Acit, sur lequel repose la prohibition... Quant aux plaisirs de Manhattan, ils sont de plus en plus osés. D'année en année on s'exprime plus librement en scène, les mots amant et maîtresse sont d'un usage courant et le déshabillé (prononcez dâshâbillaï) ne fait plus peur. Les premiers ballets de femmes, à New York, furent ceux des *casino girls*. Les *chorus girls*, introduits en 1866, avec maillot et bas de soie noire, ailes de tulle dans le dos, bras demi-nus, taille corsetée et drapée de passementerie, arrivaient directement de Paris et de Londres. (Hoboken vient de tenter avec succès la reconstitution de la plus célèbre de ces revues, *Black Crook*.) Puis ce furent les *Geisha Girls*, filles de Sullivan et les *toughgirls*. Vers 1894 apparaît la revue, *passing show*. Les premières chansons américaines, avant que les compositeurs d'origine étrangère les eussent mises en musique, se transmettaient par les sifflets et par la tradition orale. Les mélodies nègres étaient chantées dans les cabarets par ces Noirs, barbouillés au bouchon brûlé (*burntcork minstrels*), pareils à ceux qu'on pouvait voir à Londres il y a une vingtaine d'années et qui ramassent encore des sous, les soirs d'été, à Brighton, sur la plage ; ces nègres ou *coons* psalmodiaient de vieux airs de plantation (*darkie melodies*), des cantiques (*spirituals*), des chansonnettes (*coonsongs*), enfin des romances mélancoliques (*blues*).

Ces cabarets où nous sommes, les évêques, dans leur sermon du dimanche et le Comité d'Hygiène sociale les nomment des lieux de perdition, *dens of the blackest iniquity;* sur la nappe pourtant, rien que de l'eau gazeuse *(white Rock)* et de la bière au gingembre sans alcool *(Clicquot-Club).* Mais parfois, une bouteille de champagne trop chauffée laisse partir son bouchon sous la table. Personne ne sourit. Les murs sont tendus de noir... ô influence mondiale du décor de la boîte à jouets, dans Petrouchka ! Bill Robinson, les cheveux laqués, une chemise de satin rose souple, les hanches hors du pantalon d'alpaga serrées dans une ceinture d'argent, apparaît...

Mais ce que je décris ici n'est que l'Internationale du Plaisir, Bond Street, Kurfürstendam, ou la rue Caumartin. Puisque Clara Smith, la célèbre chanteuse, n'est pas encore là, qu'il n'y a aucune chance d'entendre Moran et Mack, les deux excellents nègres débauchés à prix d'or par Hollywood, je redescends en compagnie d'un de mes amis... Dans l'escalier, celui-ci met sa main à sa poche revolver. Va-t-il se suicider ? Il sort une grande gourde plate, à peine moins meurtrière qu'un browning, et m'offre le coup de l'ascenseur.

— Un peu de *booze* (alcool) ?

Je propose une maison de jeux.

— Non, les tripots de Manhattan ne sont pas sûrs ; dés plombés, cartes maquillées... en outre, très mobiles, ils changent de place, c'est-à-dire de chambre d'hôtel, plusieurs fois par soirée.

— A cause de la police ?

— A cause des bandits, toujours à l'affût des grosses parties et qui, pistolet au poing, viennent rafler les enjeux et dépouiller les joueurs. Je pensais vous mener dans un endroit moins dangereux, dans les salles de rédaction du *New York Times*, dont nous pouvons voir d'ici les bureaux ; c'est l'heure où fonctionne à plein rendement le plus grand journal de la ville.

— Il y a cent ans, me dit mon ami, un jeune Écossais, Gordon Bennett, composait et imprimait dans sa cave, à la lumière d'une chandelle, une feuille de quatre pages qu'il rédigeait lui-même : c'était le *New York Herald*. Depuis... Vous savez que New York a les plus beaux journaux du monde : le *New York Tribune*, le *New York World*, le *New York American*, de Hearst, le *New York Evening Post*, le *New York Evening World*, le *New York Evening Journal*, également à Hearst.

Nous montâmes à la rédaction, où je fis la connaissance du chef de service de nuit, qui se trouvait dans la salle des nouvelles. Ici aboutissent les ondes aériennes, les câbles de gutta-percha immergés au fond des mers, les comptes rendus d'une armée de reporters, les cris d'alarme, à travers l'espace mondial, de ces sentinelles avancées que sont les envoyés spéciaux, les rapports plus diplomatiques des correspondants, personnages influents, pourvus d'un traitement d'ambassadeur. Sans repos, sans ces économies de télégrammes que les gouvernements pauvres s'imposent, tous ces mots immatériels trouvent leur chemin jusqu'ici et s'en viennent dormir de leur dernier sommeil dans les petits cercueils de plomb qui, en bas, les attendent. Les grandes agences, l'Associated Press, l'International News, Havas, Reuter, allongeaient le ruban de leurs informations. 48.825. 18 h. — 124.129. — MOSCOU « L'AUTORITÉ DE STALINE EN DANGER STOP LES PAYSANS ENRICHIS EXIGENT DE LA SOIE ET DU ROUGE POUR LES LÈVRES ». — 591.800. — 11 h. 31.4.129. — PALM BEACH, FIANÇAILLES DE MISS LILIAN DORSET... 499.932. — 1 h. 2. — NANKIN, LA

CONCESSION POUR LE GAZ DE LA VILLE D'HANKEOU IRA
A LA CONSOLIDATED GAS...

En quelques secondes, j'apprends que dans cette
journée où, pour moi, il s'est passé si peu de chose, le
quatre-mâts *Lucifer* a été coulé, que le premier prix
d'Exposition d'horticulture cubaine a été donné à une
plante cobra, que le sénateur Lafolette est champion
de bridge de Miami et que les Musulmans se sont
révoltés, il y a trois heures, aux Indes. Amas de faits
non digérés, et qui seront servis tout crus au public,
écrasé sous la somme de ces faits. Tant d'énergie
dépensée pour capter et servir chaud, le lendemain
matin, avec le café, cette chose factice et dont nous
avons le tort de ne nous lasser jamais : des nouvelles.
Ensuite ces primeurs, un peu défraîchies, seront
repassées, après usage, aux journaux de province.

Dans la pièce voisine, un classement par fiches, par
noms et par sujets, tenu avec cette merveilleuse
méthode américaine, permet aux journalistes de
n'écrire leur article qu'en ayant les précédents sous les
yeux. C'est ce qu'en argot de métier on nomme *la
Morgue*; des index biographiques groupent trimes-
triellement toutes les informations parues, qui vont
prendre place dans les répertoires de la bibliothèque
de références.

Dans la salle de la publicité, je fus surpris de ne voir
aucun guichet. Le public n'apporte-t-il donc pas ici
ses petites annonces ? Non : il les téléphone ; malgré
cela, aucune erreur dans les vingt pages d'insertions
quotidiennes ; mais avant de publier des demandes
d'emploi, le journal, fort sévère, exige des certificats,
vérifie soigneusement la moralité de chaque offre...
Un peu plus loin, dans la salle des radios, je me trouve
en communication immédiate avec Byrd, dans l'Antarctique ; il nous informe qu'il se trouve en ce
moment campé sur un morceau de glace dont la

solidité lui donne des inquiétudes... De là, je pénètre dans la salle des photographies, sur laquelle s'ouvrent des studios, des chambres noires, les ateliers de rotogravure et d'eau-forte. Dans des casiers, les habitants de chaque pays, de chaque ville du monde, depuis Sydney jusqu'à Vladivostock, pourraient retrouver ici les faits récents dont ils viennent d'être témoins ; photos, tout comme les nouvelles, « syndiquées », c'est-à-dire revendues à d'autres journaux.

Je descendis un escalier en colimaçon, une porte céda et je fus jeté dans la galerie des machines, sourdement éclairée en bleu par des tubes au mercure, comme une boutique de pompes funèbres. Toutes ces machines luisantes, huileuses, plus chaudes qu'une locomotive après une nuit de voyage, faisaient seules des choses différentes et saccadées, les unes de haut en bas, les autres de droite à gauche, celle-ci en rond, celle-là à plat ; une rivière de papier, imprimée au fur et à mesure, jaillissait du sol, à la cadence de cinquante mille feuilles à l'heure. Le rouleau se dévidait hors d'une trappe, vierge d'écriture, et ressortait à l'autre bout chargé de tous les événements de notre planète. La puissance de la presse c'était ça... ; ce n'est pas le génie d'un grand publiciste, ni un reportage sensationnel, ni l'annonce foudroyante d'une mort, c'est ce flot que rien ne peut endiguer, cette marée sans pensée hors de ces écluses ouvertes, c'est ce noir étang, ces quatre tonnes d'encre journalière au fond desquelles dorment encore les mots anonymes. Il n'y a rien à faire contre un journal américain, serait-on Dieu ; il n'y a qu'à attendre, qu'à attendre midi... Le journal, fort heureusement est oublié à midi. Sur ce fleuve d'écriture ne se promène aucune idée. Il y a cent ans, nous dit Ludwig, quand les gazettes ne paraissaient qu'une ou deux fois par semaine, Goethe écrivait qu'il prévoyait des jours terribles où elles paraîtraient trois

fois par jour... Nous y sommes. Dans un vacarme
infernal, des typos coiffés de papier commandaient les
plieuses qui vomissaient ensuite dans de hauts paniers
de guillotine les différentes sections du journal, jusqu'à ce que tout fût prêt à être reçu par les camions.
Plus heureux, les correcteurs d'imprimerie ayant fini
leur travail, se dirigeaient vers le bain et vers le souper
qui les attendaient, aux étages supérieurs. Dans une
autre salle où viennent converger les nouvelles de la
rédaction, les articles éditoriaux et la publicité, les
dernières pages du journal encore fluide se solidi-
fiaient avant le jour dans des matrices où coulait
le métal chaud, en route vers la fonderie des stéréotypes.

J'arrivai enfin au bureau du directeur. M. Ochs
ressemble un peu à lord Rothschild et un peu à Max
Jacob. M. Ochs m'expliqua d'abord, avant de m'avoir
fait asseoir, que les Juifs sont une grande race.
Ensuite, il me mena à la fenêtre par où je vis,
obliquement, au fond d'un cratère, Broadway en feu ;
il me montra la photographie de ses enfants ; il loua la
conception du nouvel hôtel de son journal, m'annon-
çant que, s'il faisait jour, je pourrais voir que le New
York Times Building est la reproduction exacte du
château de Chambord ; mais c'est un Chambord
perché si haut qu'il est impossible de l'apercevoir du
trottoir. Beaucoup de gratte-ciel portent ainsi à leur
sommet des allusions européennes qui sont perdues
pour qui ne visite pas New York en avion. Ces
architectures géantes donnaient à M. Ochs des mouvements lyriques ; mais le seul édifice qui parût l'offus-
quer, c'était celui de son voisin, ce Paramount de
M. Jesse Lasky qui était venu depuis peu, sous son
nez, lui masquer Broadway : dans le cinéma, le
journal n'a-t-il pas trouvé son maître ?

— Allons nous coucher, dis-je.

— Comment... déjà ? Il faut manger quelque chose...

Un Child's, par exemple celui de la Cinquième Avenue, près de la Cinquante-Septième Rue, est aussi plein qu'à midi. C'était l'heure du hachis aux œufs pochés *(corned beef hash)* et du *club-sandwich*, accompagné d'un verre de lait « acidophile », « enrichi », ou « malté ». Je m'étonnai que les caméristes blondes fussent remplacées par de grands garçons attentifs et fort éveillés.

— Ce sont des étudiants à l'Université de Columbia qui assurent le service, m'explique-t-on, des étudiants pauvres, qui se font de l'argent de poche grâce à ces heures de travail supplémentaire.

— Je vous quitte, ajouta mon compagnon.

— Je ne savais pas que vous habitiez au Sherry Netherland ?

— J'y entre seulement pour téléphoner à Paris... Une dame m'attend, rue de Rivoli. Je vous retrouverai chez Reuben's.

On « a » Paris en moins d'un quart d'heure. Il suffit d'appeler l'opérateur transatlantique et de verser 1 250 francs par trois minutes. Si la dame demandée est dans son bain, c'est la ruine. Il est vrai qu'on peut faire prévenir d'avance. On parle par l'Écosse et on entend, ô Tristan ! — par la Cornouailles. Quel circuit ! Et que de chemin depuis 1876, où le jeune Graham Bell, après des recherches anatomiques sur l'oreille humaine pour améliorer la surdité, fabriquait avec une vieille boîte à cigares, deux cents mètres de fil électrique et un électro-aimant, le premier poste téléphonique !

Chez *Reuben's*, à deux pas, dans Madison Avenue, il n'y avait pas, à quatre heures du matin, une table libre. Fin des bals, sortie des clubs de nuit voisins et

de la seconde série des représentations du cinéma ou
du théâtre. Bras nus, décolletés et sur le verre noir des
tables, la tache jaune des œufs brouillés, le rose tendre
du jambon sucré de Virginie et les touffes fraîches du
céleri·cru. Visages en porcelaine des débutantes.
Figure de cire des femmes si bien apprêtées pour ces
nuits : aucune ondulation n'avait cédé, aucun trait ne
s'était défait, le fard n'avait pas baissé le ton ; tout sera
encore intact à l'heure prochaine du démaquillage, des
masques et des pâtes, sous lesquelles la peau se reposera.

— Et maintenant, dis-je, je suppose qu'il n'y a plus
que le lit ?

— ... ou Harlem !

Le col relevé, nous rentrons ; les policemen, les
cops, leur terrible grand bâton noir à la main, cachés
dans l'ombre des portes, nous regardent passer...

Aux docks.

Il est encore un usage nocturne, très caractéristique
de New York et qui prend place après le théâtre et
avant le souper : c'est celui des adieux au bateau. Les
transatlantiques lèvent l'ancre pour l'Europe à minuit,
et la coutume veut que l'on accompagne ses amis
jusqu'à leur cabine. L'Europe vit, occupée de soi-
même, sans jamais regarder vers ses ports, mais New
York a les yeux fixés sur la mer. A l'arrivée ou au
départ de chaque paquebot, une liste des passagers est
publiée par les journaux, et chacun la lit avec grand
soin. Aussi, à peine avez-vous passé la Statue de la
Liberté que, par sans-fil, s'abattent sur vous les
télégrammes de bienvenue et d'invitations ; à l'embar-
quement, on vous suit à bord. Un demi-million
d'Américains viennent chaque année en Europe ;
toutes les lignes leur sont familières ; amis des capitaines et des commissaires, les cabines sont sans
secrets pour eux ; que de doux souvenirs ! Les paque-

bots deviennent un morceau de Manhattan, une partie mobile de la ville, qui s'en détache périodiquement.

Aux siècles passés, l'arrivée d'un bateau de Hollande était un événement ; chacun courait à la Batterie. Mais il y a loin des quatre-vingts tonneaux de la frégate d'Hudson aux soixante mille tonnes du *Majestic*. Jadis, les voiliers mettaient deux à trois mois pour atteindre l'Irlande. Leur route n'était pas l'actuelle route directe, par le nord ; pour venir d'Europe, on touchait d'abord aux Canaries, puis grâce aux vents alizés, on mettait le cap sur les Antilles pour remonter ensuite, par les Bermudes ou les Bahamas, vers la côte de la Nouvelle-Angleterre. Au nord, on redoutait les icebergs, au sud les sables mouvants et les tempêtes : le seul point sûr, entre tous ces dangers, c'était la baie de New York. A bord, on vivait de pois cassés, de saumures, on souffrait du scorbut, la mortalité était effrayante, la traversée pénible et dangereuse, bien qu'on ne la fît qu'à la belle saison, et très coûteuse. Aussitôt après la Révolution, New York chercha à se débarrasser du monopole maritime de l'Angleterre et à construire lui-même ses bateaux. Dès les premières années du XIXe siècle, deux New-Yorkais en chapeau haut de forme essaient, dans un bachot plat muni lui aussi d'un tuyau de poêle, de mettre en mouvement une petite roue à aubes, en faisant bouillir de l'eau dans un gros alambic ; de la fumée et des étincelles sortent de la cheminée ; on vient sur les bords de l'Hudson se moquer d'eux, mais, ô merveille, la petite roue tourne : voici que le *Claremont*, de M. Fulton, le premier bateau à vapeur, se met à remonter le courant !

Les voiliers aussi font des progrès ; du lourd navire hollandais (*bark*) on est passé au *sloop* à un mât, au *schooner* à deux ou trois mâts, enfin à ces *clippers* rapides, aux voiles gonflées comme des crinolines qui,

vers 1850, firent la fortune maritime des États-Unis.
La malle transatlantique assure un service régulier
(*packet ships*) ; les bateaux partent à jour fixe ; Fulton
essaie en vain de conserver le monopole de la navigation mécanique et de prendre un brevet. Mais les
Anglais l'imitent. Deux bateaux à vapeur, le fameux
Great Western et le *Sirius*, partent de Bristol et de Cork
en 1838. En 1840, Samuel Cunard lance audacieuse-
ment trois paquebots de mille tonneaux. Les Allemands suivent, avec la Hamburg Amerika et le Lloyd
Nord Allemand. Nouveau progrès : les coques en fer,
puis l'hélice (1856) ; enfin, vers 1880, la double hélice
et la coque en acier. Les premiers armateurs de New
York réussissent assez mal ; leurs capitaux et leurs
bateaux coulent bas ; mais ils voient grand ; ce sont les
premiers qui, en introduisant le confort, le luxe, les
gros tonnages, forcent les Anglais à comprendre que la
mer n'est pas réservée exclusivement aux marins.
Malgré ces nouvelles lignes de navigation, les traver-
sées sont encore bien longues, bien tristes ; les vapeurs
conservent leurs voiles, qui survivent comme d'anciens organes inutiles sur les animaux ; les gravures de
l'époque montrent des Italiens mélancoliques jouant
de l'accordéon à la lueur d'une lampe à huile, dans un
dortoir où les couchettes semblent des cercueils.

Quelle différence entre ces pyroscaphes et nos bacs
transatlantiques d'aujourd'hui, nos grands paquebots,
avec leurs chambres froides pleines de victuailles,
leurs salons, leurs caves, leurs guignols, leurs piscines,
leurs cales pleines à craquer des objets précieux de
l'ancienne Europe que les antiquaires déménagent,
leurs corridors d'acajou, leurs chenils, leurs ponts-
promenade, leurs plages, leur imprimerie, leurs aéro-
planes, leurs hôpitaux et même leurs cabanons capi-
tonnés pour passagers intoxiqués, sujets au délirium
tremens. A leur tour ces léviathans paraîtront démo-

dés. A-t-on vu cette photographie de l'avenir, prise par les passagers du Zeppelin, à son arrivée au-dessus de New York ? Au premier plan, la table du déjeuner toute servie, avec ses tasses fumantes, ses argenteries, ses fleurs et ses dentelles ; au fond, une grande baie vitrée par laquelle, en se penchant, regardent les voyageurs tandis qu'on aperçoit à mille mètres en dessous, émergeant de la brume, les tours des premiers gratte-ciel.

Jetées transatlantiques de New York... Jetée 84, Cosulich... Jetée 54, Cunard... Jetée 86, Hamburg Amerika, Jetée 95, Lloyd Sabaudo, Jetée 61, Red Star... Jetée 42, Royal Mail, Jetée 86. U. S. Line. Le taxi m'arrête ce soir à la jetée 57. Chère *pier* 57, le coin le plus français d'un New York embrumé où dockent les grandes unités de notre C.G.T. Parmi les montagnes de balles, entre les caisses à inscriptions françaises, se faufilent les femmes nu-tête, souriantes, en manteau du soir, les fracs, les chapeaux haut de forme. Le temps n'est plus où, à l'avant de Manhattan, s'élevait une tour d'où l'on allait jeter aux voyageurs un dernier adieu, la Tour des Pleurs ! Le long des coursives dallées d'un marbre en caoutchouc, dans la rotonde centrale, dans les salons, les visiteurs ne paraissent pas entendre la sonnette du départ et les treuils qui, déjà, remontent les ancres. On vient serrer la main au capitaine et au commissaire qui sont des figures familières de Broadway. L'orchestre rugit, les chasseurs en uniforme blanc apportent d'énormes bouquets, d'immenses cartons qui ne contiennent qu'une rose, des paniers pleins de friandise et tous ces cadeaux de la dernière heure où encore une fois sourit l'amitié hospitalière de l'Amérique ; les femmes épinglent à leur manteau l'orchidée, fleur du départ.

Chaque steamer a sa clientèle. Il en est de gais, de tristes, d'heureux, de malchanceux. Le *Mauretania* et le *Bremen*, champions de vitesse, pour gens d'affaires pressés, le *Berengueria*, recherché par la jeunesse à cause de ses jazz, l'*Augustus* qui emmène les hivernants vers Capri, le *Leviathan* pour les sénateurs et les fonctionnaires, transportés gratuitement, le *de Grasse*, pour les acteurs, le *Majestic* pour les stars, le *Paris*, célèbre par ses divertissements et ses jolies femmes, l'*Île-de-France*, favori des millionnaires amateurs de confort et de bonne cuisine, etc. La sirène retentit et la passerelle va s'enlever dans les airs, qu'arrivent encore du théâtre, tout haletantes, des passagères en grande toilette. Les visiteurs s'attardent, dans l'espoir qu'on les oubliera à bord et qu'ils partiront malgré eux vers cette vieille Europe, ridicule et merveilleuse, où l'on boit librement, où l'on ne travaille pas et où l'on se délasse, si l'on peut appeler délassement la vie que vont mener ces touristes new-yorkais. L'un d'eux me confie son programme européen, pour un mois : le 8 mai, exposition de Séville ; le 11, championnat de tennis à Cannes ; le 13, Grand National à Liverpool ; le 17, ouverture de la Foire de Prague ; le 19, la Danse des Bergers bavarois à Rotenburg ; le 21, Fête des Cierges à Gubbio ; le 24, Derby d'Epsom ; le 25, récital d'orgue à la cathédrale de Fribourg ; le 27, la procession d'Orvieto, et, le soir même, l'avion, pour ne pas manquer, le lendemain matin, le « pardon » de Tréguier, en Bretagne !...

— En attendant, déclare-t-il, à bord, ce sera le repos.

Le repos, ce sont les bridges, les bals masqués, les concerts, les petits chevaux, les enchères, le tennis sur le pont, la gastronomie, le cinéma, l'amour, les parties de cache-cache dans les canots de sauvetage, etc.

Il y a deux classes de New-Yorkais, a-t-on dit : ceux qui peuvent se payer un voyage en Europe et les autres.

III

LA VILLE HAUTE

Le Haut New York a l'âge de ce siècle. Il se divise
en deux : la partie inférieure qui est le quartier le plus
élégant de Manhattan et l'autre, presque banlieue, qui
est abandonnée aux nègres et aux étrangers.

Nous nous trouvons en ce moment à la Soixantième
Rue, au pied de Queensborough Bridge, le grand pont
qui mène à Long Island, par-dessus la rivière de l'Est.
On a pensé, paraît-il, à combler cette rivière ; on aurait
grand tort ; elle est l'ornement de ce nouveau district
de Sutton Place ; des gratte-ciel à appartements, d'un
élan harmonieux et rose, bordent l'eau et côtoient de
charmants cottages comme on en voit sur les quais de
Chelsea ou de Battersea ; celui de Miss Elisabeth
Marbury, qui avec Miss Anne Morgan, contribua à
lancer ce quartier, est reconnaissable à sa porte rouge ;
cette petite porte s'ouvre sur tout ce qui compte à New
York. Déjà Turtle Bay, Riverview Terrace, Beekman
Place, ont près d'ici leurs colonies d'artistes et de
New-Yorkais qui recherchent l'air frais et les nuits
silencieuses. Sutton Place, qui date de dix ans à peine,
donne un avant-goût de ce que serait la ville, débarras-
sée de ces entrepôts et de ces docks qui, bien au-delà
du port, continuent de l'encombrer. Je crois à l'excel-
lence du projet qui voudrait ceindre tout Manhattan

d'un boulevard extérieur, afin de décongestionner le centre ; cette voie du bord de l'eau existe en partie déjà, à l'ouest, où la beauté de Riverside Drive, dominant l'Hudson, fait souhaiter que New York redevienne ce qu'il était au temps des Hollandais, une place entourée d'eau et dont les plus belles résidences seraient à quai.

Il faut remonter, par la Première ou la Deuxième Avenue jusqu'à la Quatre-Vingt-Dixième Rue, pour arriver au quartier allemand. Prenons le métro vers sept heures du soir. Les voitures sont remplies d'ouvriers souabes, noirs de cambouis, de Juifs rhénans avec des lunettes grossissantes dont les verres gonflent les poches qu'ils ont sous les yeux, de dactylos hanovriennes qui se fardent debout, pour ne pas manquer le cinéma ; les uns mâchent de la gomme entre leurs dents d'or, les autres, épuisés, dorment adossés à la portière. Au-dessus des têtes, les réclames hurlent, mais les yeux fatigués se refusent à comprendre ce qu'ils lisent : « GILLETTE, ROI DES RASOIRS »... « MEUBLEZ-VOUS RICHEMENT »... « HUIT JOURS A MIAMI »...

Nous voici arrivés. Yorkville. Cessons de parler français, car il y a beaucoup de Bavarois, de Tyroliens et les effets de la politique de Locarno ne se sont pas faits encore sentir. Voici l'église réformée allemande et, tout à côté, des rues tchécoslovaques qui ont poussé à son ombre comme Prague à l'ombre de Jean Huss. Cette école commerciale a été fondée par le célèbre baron de Hirsch, pour aider à l'émancipation des immigrants israélites allemands, ses coreligionnaires. De la Quatre-Vingt-Sixième Rue à la Quatre-Vingt-Dixième, entre l'Avenue A et Lexington, l'on rencontre d'abord ces Hongrois qui font de New York la plus grande ville magyare, après Budapest ; ceux qui sont juifs deviennent musiciens ; les autres, maçons. Leurs restaurants *(Petit Château)* sont aussi tristes que la Hongrie du traité de Trianon et leur tokay, une abomination ; quant au cymbalum, il donne envie de se jeter dans l'East River comme dans le Danube. Molnár, leur auteur dramatique favori, beaucoup plus apprécié ici qu'à Budapest, doit d'abord son succès américain à cette colonie israélite de cent cinquante mille Hongrois, dont l'influence est grande sur la presse et dans les milieux artistiques new-yorkais.

Les Tziganes vont faire la liaison entre les Hongrois et les Roumains, qui pourtant ne s'aiment guère. Violonistes, chaudronniers, diseurs de bonne aventure, ils sont, là comme partout, nomades et mystérieux, échappant au temps comme à l'espace. On les surprend ici dans leurs quartiers d'hiver ; puis ils reprennent la route au printemps, ancestralement.

Après avoir longé quelque temps la Deuxième Avenue, je m'approche d'une devanture ; ne suis-je pas en pleine Allemagne ? Je viens de voir, dans une salle ornée de ramures de cerfs, des Allemands au crâne rasé, assis sur de lourdes chaises de bois plein, rabattre sur leur chope de la Hofbraü le couvercle d'étain, comme à Salzburg ou à Munich. Bière à faible pourcentage d'alcool ? C'est peu vraisemblable. Delicatessen. Vieil Heildelberg. Certains cafés sont des réunions de racistes ; les mots « pas de juifs », écrits à la porte, en témoignent. Entrons chez Max L., dans la Quatre-Vingt-Sixième Rue Est. Des Tyroliens à bretelles brodées, la queue de chamois au feutre vert, les genoux rouges et nus, brandissent des bocks mousseux, tandis que, le cou gonflé, le patron chante *ô Tannenbaum !* en assommant le piano ; l'assistance, très désaltérée, reprend en chœur ; cette sentimentalité germanique que les orphéons allemands, la méthode kantienne et les bonnes des kindergarten ont

déposée au fond de tout cœur américain, se réveille
sous les guirlandes de branches de sapin. N'y a-t-il pas
un million d'Allemands à New York ? Beaucoup des
plus célèbres Américains, Astor, Rockefeller, Havemeyer, Wanamaker, ne sont-ils pas d'origine germanique, sans parler des Schiff, Strauss, Schwab, Guggenheim, qui, bien que d'une autre race, sont venus eux
aussi d'outre-Rhin ? Travailleur opiniâtre et honnête,
l'Allemand fut un des créateurs du grand New York.
Aujourd'hui encore, les lois d'immigration lui sont
particulièrement favorables, puisque l'Allemagne a le
droit d'introduire aux États-Unis autant d'émigrants
que toute l'Europe orientale et méditerranéenne
réunies.

Après Hell Gate, c'est-à-dire après les rapides de la
rivière de l'Est, je parviens au bord de la Troisième
Avenue, à l'Institut Rockefeller, pour les recherches
médicales. Je demande le docteur Carrel, ce Français
dont les travaux sur le cancer nous font si grand
honneur, mais il est à Paris. Je redescends par
Lexington Avenue à travers une file d'hôpitaux et
d'instituts médicaux.

Caserne des pompiers. On voudrait mettre le feu à
New York, rien que pour le plaisir de regarder passer
les pompiers. Ils ont l'air d'être les serviteurs du feu,
plutôt que ses maîtres. Quel spectacle que celui de ces
hauts chars écarlates à la cloche nickelée, prolongés
encore par des échelles auxquelles s'accrochent ces
hommes du feu, au casque de cuir bouilli, à la fois
guerriers et civiques comme les personnages de la
Ronde de Nuit, écrasant de leurs bottes le corps annelé
des serpents de métal. Nulle part les pompiers ne
circulent autant qu'ici. A toute occasion ils s'élancent.
Du temps où elle était en bois, New York a conservé la
phobie de l'incendie. Partout des escaliers de sûreté,
des panneaux ignifugés, des dégagements, des sorties

de secours ; à chaque pas, un poste d'alarme et des bouches à eau, grosses comme des canons de siège ; les pompiers arrivent sur les lieux du sinistre quarante secondes après l'alerte. Aussitôt qu'on entend la plainte déchirante de leur sirène, suivie du glas de la cloche, tout s'interrompt et les pompes, aussi belles que le feu lui-même, passent, rapides comme la flamme. Je voudrais être un des six mille pompiers de New York, ou mieux encore, leur capitaine, ne serait-ce que pour toucher un salaire annuel de 12 500 dollars (310 000 francs). Les Compagnies d'assurances contre l'incendie ont, en outre, un corps de pompiers auxiliaire, le *Salvage Corps*, qu'elles entretiennent à frais communs.

Vers Park Avenue, par Lexington et Madison. Je traverse un quartier qui semble plus particulièrement celui de la Beauté. L'on sait que la New-Yorkaise consacre beaucoup de temps et d'argent à la culture du moi : le résultat est magnifique. Il y a, dans Manhattan, plus de deux mille instituts de dermatologie, de salons antirides, de praticiens du cuir chevelu, masseurs, ondulateurs et chirurgiens plastiques, spécialistes de l'excision du double menton, professionnels des injections de paraffine, épileurs des sourcils à l'aiguille électrique, classés sous les noms barbares de *cosmeticians* ou *beauticians*. Quant aux droguistes et aux marchands de masques esthétiques, de vaporisateurs, de machines à onduler les unes et à décrépeler les autres, de produits pour le cheveu, quant aux infirmières blondes qui, cachées derrière leurs rideaux roses, à l'aide de fils électriques et d'instruments de torture nickelés descendant du plafond pratiquent :

ces choses coupantes, piquantes, mortifiantes dont dépend la vie même de la Beauté, on imagine quelles fortunes ils réalisent en peu de temps.

C'est aussi le quartier des fleuristes.

Nulle part on n'offre autant de fleurs qu'à New York, et nulle part elles ne sont aussi chères. *Say it with flowers*, « dites-le avec des fleurs », est une de ces heureuses formules (*mottos* ou *slogans*) que sait inventer le commerce américain. Parler ce langage-là, c'est parler d'or. La fleur est la reine de la Cinquième Avenue. Les maîtresses de maison ont des abonnements floraux, au mois, comme pour le gaz ou l'électricité. Il faut envoyer des orchidées aux départs de bateaux, en offrir aux femmes (mais non aux jeunes filles) que l'on emmène au théâtre ; les jeunes gens ont, le soir, leur boutonnière fleurie d'un camélia. On peut expédier des fleurs par le télégraphe.

A New York, il pleut des cadeaux. Anniversaires, fêtes, retours, mariages, arrivées, autant d'occasions. Aucun peuple n'est plus attentionné, ne cherche davantage à obliger ; à peine a-t-on fait la connaissance d'un New-Yorkais qu'il met sa voiture à votre disposition, vous inscrit à son club, vous submerge de places de théâtre, de bonnes adresses, de livres, de présents, et d'amitiés nouvelles. On est, à New York, malgré l'encombrement des rues, d'une exactitude effrayante. Et d'une politesse terrible ; les gens déposent des cartes ou envoient d'immenses bouquets après chaque invitation, ne touchent jamais à leur assiette avant que le maître de maison ne soit servi, restent debout, à l'anglaise, tant que leur hôtesse ne s'est pas assise. On est beaucoup plus « habillé », dans les quartiers élégants, à New York qu'à Paris ; dès le matin, les femmes en robe de soie, toutes perles dehors, ont l'air de revenir d'un grand thé ou d'une garden-party ; les hommes ne se permettraient pas un col ou un chapeau mous, des bottines de couleur, dans

l'après-midi ; toujours les chapeaux haut de forme le
soir, contrairement au laisser-aller européen d'aujour-
d'hui.

Je débouche dans *Park Avenue* à la hauteur de la
gare du Great Central. Ce que la Cinquième Avenue
n'est plus, un lieu de résidences aristocratiques, Park
Avenue, depuis dix ans, l'est devenu.

Nous n'entrons plus cette fois dans la gare du Grand
Central, nous contentant d'admirer, avec du recul, sa
coupole verte et or, et l'enroulement à hauteur du
premier étage de l'avenue elle-même qui, par une
pente à double révolution la ceinture et va se reformer
au-delà. Le gratte-ciel, hier réservé au commerce, est
maintenant le type courant de la maison à appartements : ainsi la Tour du Ritz, le Dorset, le Sheldon, le
Drake, le Savoy et le Sherry. Et pas de Juifs ! s'écrie ce
peuple égalitaire. A mesure que l'Europe abat ses
barrières sociales, l'Amérique élève les siennes. Les
préjugés de race s'y accroissent d'année en année, bien
que les Américains aiment peu à s'expliquer là-dessus
et que la presse n'en souffle mot ; des clubs, qui n'ont
rien de particulièrement fermé, des clubs de golf par
exemple, n'acceptent pas de membres israélites. Des
immeubles achetés par des Juifs déclassent un quartier. A cet égard, l'Association de Park Avenue est
plus sévère que le Jockey ; elle s'efforce en outre
d'éloigner les tramways, dissuade les théâtres de
s'approcher, refuse tout accès au commerce de détail.
Grâce à cela, Park Avenue reste en or. « Sur cinq mille
familles, dit M. Maurice Mermey, on y compte deux
mille millionnaires, qui dépensent chacun une
moyenne de quatre millions de francs par an. » Les
loyers annuels d'un million de francs n'y sont pas rares
et le logement est exigu. Les hôtels eux-mêmes
recherchés par les meilleures familles, pour longs
séjours, coûtent fort cher et dans certains le prix des

chambres varie avec le mobilier ; désire-t-on des
commodes de Riesner ou un vrai Rembrandt au-
dessus du lit, ce sera trente dollars de plus par jour. La
mort dans l'âme, de nobles chercheurs d'or étrangers,
au risque d'y laisser leurs derniers cents viennent laver
les sables aurifères de Park Avenue. Aussi les anti-
chambres sont-elles pleines de princes allemands
dépossessionnés, de grands-ducs, de mages, de diplo-
mates chocolat, de psychanalystes mondains et de
dames quêteuses du Vieux Continent dont le sourire
cache des pièges.

Park Avenue, après une carrière si brillante, finit
très loin, dans la misère. Mais qu'elle est belle jusque
vers la Quatre-Vingt-Dixième Rue ! La Tour du Ritz,
avec ses vingt-cinq étages d'un seul tenant, ses
fenêtres roses, puis en retrait, l'élan d'un second
gratte-ciel par-dessus le premier, domine tout le
paysage. Éclairée jusqu'aux étoiles, elle apparaît la
nuit, avec sa perspective faussée par les lumières, dans
l'excès de sa hauteur, plus inquiétante que ces tours de
Bologne chantées par Dante :

> « *Comme la Caridensa semble se pencher sur qui la
> regarde par-dessous...* »

Me voici revenu dans la Cinquième Avenue, devant
l'hôtel Plaza. Bordée d'un côté par Central Park et de
l'autre par les résidences que l'on désigne sous le nom
de chemin des millionnaires, *millionaire's row*, Fifth
Avenue s'élance, droit vers le nord, vers Harlem et le
Bronx. Avant d'atteindre ces bas quartiers, elle brille
d'un éclat qui n'est peut-être plus d'aujourd'hui, mais
qui pourtant a pris le ton authentique d'une vieille
dorure. Ici, ce ne sont que des noms, ceux des rois du
sucre, de l'encre, du pétrole, de l'acier, de la marga-
rine... Ces grands noms de New York, comme on les

discuta au temps des Quatre Cents, les van Rensse-
laer, Morgan, Otis, Baldwin, Griswold, Stuyvesant,
Cameron, de Forest, Havemeyer, Crosby, Roosevelt,
Appleton, Astor, Chandler, Wetmore, Winthrop,
Whitney, Bayard, Sturgis, Vanderbilt, Bradley-Mar-
tin, Pendelton, etc. ! Beaucoup vivent maintenant en
Europe, à Paris, où les élites sont plus heureuses ;
d'autres ont quitté définitivement cette ville dont le
séjour n'a pas de sens pour les oisifs. Tels quels, ils
constituent encore la haute société américaine, société
très formaliste, extrêmement respectable, peu originale et fort ennuyeuse, bridgeuse, donneuse de
grandes réceptions pour « débutantes » avec laquais
poudrés, d'immenses dîners avec du caviar gris et de
la tortue verte, comme on en voyait en Europe avant la
guerre. Ce New York est assez petit ; chaque coterie se
connaît, se surveille, s'envoie des espions, des esta-
fettes, des agents de liaison ; le plaisir, l'argent, la
boisson, les sports, les bonnes œuvres, les voyages,
enfin d'autres francs-maçonneries non moins
modernes, relient aujourd'hui des mondes qui hier
n'avaient rien de commun.

La haute société de New York parle français
couramment, surtout les femmes, comme l'aristocratie russe d'avant guerre ; parler français est élégant
(toute élite qui arrive au luxe aboutit au français ;
j'entendais au Lido, il y a quelques années, un
impresario de Broadway dire avec orgueil à un des
chefs du cinéma américain : « Mon cher, qui aurait
pensé que nos filles parleraient français ! ») ; les intellectuels ne le savent pas, ce qui se voit à la façon dont
ils l'emploient trop souvent dans leurs livres ou dans
leurs articles, où ils glissent volontiers les mots :
*négligé, cachet, coterie, ingénue, blasé, chablis, comme il
faut, recherché, chic, demi-mondaine,* etc.

La « saison » de New York commence en octobre.

En novembre arrive le concours hippique ; la fin de
l'année est marquée par les grandes ventes, les fêtes de
famille, aussi rigoureusement observées qu'en Angleterre ; le bal des Beaux-Arts, grande « affaire » costu-
mée et fort officielle, fin janvier, est suivi du départ
pour Palm Beach, pour les croisières, ou pour la
Californie ; mars est le mois des expositions de fleurs,
de chiens, et des Salons ; en avril, départ pour l'Italie,
en mai, départ pour Paris.

Voici la maison de M. John Drexel, celle de
M. Clarence Mackay, le directeur du Commercial
Cable et beau-père du compositeur Irving Berlin ; à la
Soixante-Cinquième Rue, Mrs. Strong, petite-fille de
Rockefeller, puis M. Vincent Astor, fils de J.J. Astor
qui disparut avec le *Titanic ;* viennent ensuite le musée
de Mrs. Henry O. Havemeyer que nous reverrons, la
maison de M. George J. Gould ; à la Soixante-
Huitième Rue, la Whitney House, occupée par
M. Payne Whitney ; à la Soixante-Dixième Rue, le
musée Henry Frick, le beau palais de M. Mortimer
Schiff et celui du sénateur Clark, de Montana ; M.
Guggenheim, et le sénateur Elihu Root habitent en
appartements, un peu plus loin, presque en face du
Musée Metropolitan. Enfin M. F.W. Vanderbilt,
l'ancienne résidence Carnegie, M. Otto Kahn et la
splendide demeure de M. Hamilton Rice qui (avec
celle de Mrs. Griswold, dans Park Avenue) contient
les plus parfaites œuvres du XVIIIᵉ français.

Central Park, le bois de Boulogne de New York,
ignore ce que Mme de Sévigné nommait : des aimables allées ; c'est un terrain vague, vallonné, couvert
d'un gazon jaune, avec des arbres rares et maigres,
comme effeuillés par les obus, sans fleurs ni massifs,
où émergent des rocs d'un rouge violacé. Tel quel,

bien situé au centre de la ville — de cette ville trop
compacte, qui jusqu'ici n'avait pas su se ménager les
vides harmonieux et les masses de verdure qu'on
trouve dans les capitales européennes —, Central Park
est un lac intérieur d'oxygène et de lumière. Ménagerie, maison des singes, bateaux d'enfants, tout ce que
les Tuileries furent pour nous, Central Park l'est pour
les jeunes New-Yorkais. Il faut le voir l'hiver avec son
herbe de prairie, les ours de sa petite ménagerie,
pareils à des jouets, les nez bleus des bambins à cheval
sur leur poney, les patinoires luisantes où tournent en
rond, comme chez les petits maîtres hollandais, des
enfants aux vives couleurs ; il faut le parcourir les
nuits d'été, quand les foules épuisées, grisées de
chaleur, suffoquant dans les rues étroites, viennent y
attendre l'aube et sa fraîcheur tandis que les pompiers
lavent de leurs lances les gamins nus. L'Irlande du
XIXe siècle, à l'heure de sa plus affreuse misère,
expédia ici ses émigrants ; ces *squatters* — presque des
pionniers, tant ces terrains se trouvaient loin de la ville
— vivaient, comme aujourd'hui nos zoniers, dans de
misérables abris de planches, avec cuisine en plein
vent et des linges à la fenêtre ; il en existe encore
d'ailleurs au-delà du Bronx, dans Broadway Nord ;
banlieue lépreuse ; ils restèrent là jusqu'à la fin du
siècle, mais peu à peu, les cavaliers, puis les messieurs
à bicyclette apparurent au cours de leur promenade
matinale ; quelques grandes familles, passant d'un
coup trente blocs, achetèrent du terrain dont la valeur
bondit aussitôt et se firent construire des résidences
spacieuses, avec des cloîtres, des tourelles, des serres,
où de vraies fleurs remplaçaient les fleurs de cire sous
globe, à la mode du général Grant ; des victorias, avec
des valets de pied nègres en culotte de peau blanche et
bottes à revers, des coaches, dans tout l'éclat de leurs
trompettes de cuivre ou les drags anglais d'Alfred

Vanderbilt, à harnais jaunes, s'élançaient sur les allées nouvellement tracées...

C'est alors qu'on commença à construire le *Metropolitan Museum*. Aucun roi, aucun général victorieux, aucun voyageur ne s'était trouvé aux siècles passés, pour enrichir les collections new-yorkaises; aucun Américain n'avait fait de fouilles, aucune des riches familles ne possédait au XVIIIe siècle de ces cabinets de curiosités qui sont à l'origine de tant de musées européens; aucun grand artiste n'avait légué à ses concitoyens les trésors de son atelier; ce qu'on voyait à New York, nous disent en se moquant les voyageurs, c'étaient de véritables exhibitions de foire. On apprenait l'histoire naturelle chez Barnum, où Hauranne, qui l'a visité en 1864, a aperçu « des géants d'Islande, des femmes de Patagonie, des nains, des serpents de mer et des albinos ». Enfin Pierpont Morgan vint, qui sut provoquer, recueillir et grouper les premiers grands legs, fournir des fonds, arriver à temps en Europe, vers 1900, pour acheter les dernières merveilles disponibles. Ce n'était pas un amateur très éclairé. C'était plutôt un collectionneur de collections, mais à sa mort, il laissait à New York un des plus beaux musées du monde. Aujourd'hui, sous la présidence de M. Robert W. de Forest, on continue d'ouvrir de nouvelles salles; on a créé une section américaine, réhabilité l'époque coloniale. L'arrangement du sépulcre de Perneb qui conduit aux quatorze salles égyptiennes est un échantillon de ce que les Américains aiment tant et qu'ils nomment « l'atmosphère »; les vitrines d'art cypriote (Cesnola), de pierres gravées, de verres et de poteries romaines, sont exposées suivant la méthode allemande, avec un luxe inouï de facsimilés, de moulages, de commentaires photographiques et de cartes géographiques, où l'histoire et le lieu des fouilles sont indiqués en couleur. Arrivés trop tard pour acquérir les chefs-d'œuvre de l'art classique, les musées américains si bien dotés, ont fourni, pour l'art des hautes époques, un effort qui surpasse tout ce que nous avons pu faire. C'est pourquoi une visite à New York est aussi indispensable à un artiste d'aujourd'hui qu'une visite en Italie à un artiste du XVIIIe siècle. Les fouilles minoiennes, les admirables vases géométriques crétois (si près de l'art nègre et des motifs de vannerie des Indiens Hopi), les trente-neuf pièces d'or byzantines dites trésor albanais, des objets archaïques, comme la joaillerie étrusque de Montleone, voisinent au rez-de-chaussée avec une salle où les œuvres de Rodin sont presque aussi nombreuses qu'au Musée Biron. L'art chinois n'y est pas d'aussi grande classe qu'au British Museum ou au Musée de Boston ; pour l'art japonais (à part une étonnante cavalerie funéraire du VIIe siècle), je préfère Detroit ou le Musée de Brooklyn. En peinture, un certain nombre de legs sont malheureusement présentés individuellement, selon le désir des donateurs, ce qui fractionne l'intérêt et fatigue le visiteur. La collection Marquand, avec ses Franz Hals et son admirable duc de Lennox par Van Dyck, la collection Hearn spécialisée dans le XVIIIe siècle anglais (nulle part, sauf à Londres, il n'existe d'aussi belle peinture anglaise qu'à New York), où l'on peut voir en outre la célèbre *Connie Gilchrist sautant à la corde*, de Whistler, et le portrait du comte d'Arundel de Van Dyck, le legs Lorrillard, avec sa peinture romantique française, la collection Altman, ses salles de Hollandais (et, en plus, un *Philippe IV* de Velasquez, un *Portrait d'homme* de Memling, *La Femme à l'œillet*, *Le Commissaire priseur*, de Rembrandt, un étonnant Franz Hals, *La Jeune Fille à l'œillet* de Vermeer et de très rares tapis persans...) formèrent le premier noyau du Metropolitan. L'école française est bien représentée, de Poussin à Monet ; on

peut voir, entre autres, *L'Homme contre la porte* de
Degas, *M. Leblanc* d'Ingres, le splendide *Enterrement*
de Manet, *Mme Charpentier et ses enfants* de Renoir, *La
Colline des pauvres* de Cézanne, un *Vétheuil* de Monet,
M. et Mme Lavoisier de David, ainsi que le *Portrait de
Mlle Duval d'Ognes*; *La Femme au Perroquet* de
Courbet, une autre, par Manet, *L'Enfant au Sabre*, de
Manet ; c'est un ensemble que la *Salomé* éclatante et
crasseuse de Regnault ne parvient pas à défigurer.
L'Espagne y compte une *Nativité* de Greco, une
Marie-Anne d'Autriche de Velasquez, *Don Gonzotinez*,
une *Marie-Louise* et une *Course de taureaux* de Goya.

L'aile Pierpont Morgan, où se trouve groupé l'art
décoratif, est la plus belle partie du musée. J'ai revu
les émaux rhénans et limousins, l'orfèvrerie gothique,
aujourd'hui introuvable, les ivoires romans et gothiques, que j'avais connus, enfant, dans la collection de
Georges Hoentschel, qui les céda vers 1905, à Morgan, faisant passer d'un coup en Amérique toute la
fleur de l'art médiéval français. Puis des tapisseries
gothiques et des salles admirables d'art français,
entièrement reconstituées, dont la bibliothèque de
l'hôtel Gaulin, une bibliothèque Régence avec toutes ses boiseries et ses meubles, une grande pièce
Louis XV, etc.

L'usage de léguer ses collections à l'État après sa
mort est beaucoup plus répandu en Amérique qu'en
Europe. C'est pourquoi les musées s'y enrichissent si
vite. Je me préparais à aller présenter à Mrs. Havemeyer une lettre d'introduction ; il se trouva que,
moins de deux semaines après mon arrivée, cette dame
mourut ; elle léguait ses tableaux au Metropolitan ; le
testament fut aussitôt accepté : on peut voir dès à
présent, au musée de la Quatre-Vingt-Deuxième Rue,
une *Vue de Tolède* et *Le Cardinal de Huevera*, du

Greco, *Majas au Balcon* et *La Ville sur un roc* de Goya ;
Mme Havemeyer lègue en outre cinq Rembrandt, une
demi-douzaine de Monet, trois Corot, un Poussin et
un Clouet, *Napoléon Cousin* d'Ingres, des paysages et
des natures mortes de Cézanne, beaucoup de Degas
achetés à la vente Rouart et, ce qui paraît prodigieux,
une vingtaine de Courbet et de Manet : *La Source,*
George Moore, Louise Colet, Une vieille femme à coiffe
de dentelle, Panier fleuri, Héloïse et Abélard, Les Sources
de la Loire, L'Homme en bateau, Mlle V., Après la
chasse, La Branche de cerisier, La Bible hollandaise, Le
Suisse, Mme Brayer, plusieurs *Toreros,* un *Christ aux*
Anges et une copie par Manet de *La Barque du Dante*
de Delacroix, toutes œuvres qui ont été choisies pour
la donatrice par Mary Cassat.

Non moins étonnante est la collection Frick, qui
s'ouvre assez difficilement au public car elle est encore
la propriété de Mme Frick. Collection peu nombreuse
mais très choisie dont le chef-d'œuvre est un *Philip-*
pe IV en habit rose et argent, de Velasquez, d'une
qualité égale à ceux du Prado, un Goya dernière
manière, *Les Forgerons,* deux Vermeer de première
qualité, sept ou huit Franz Hals, dix Rembrandt (dont
le *Portrait de l'artiste*), *Le Comte de Derby* par Van
Dyck, et un *Portrait d'homme* en pied de Greco, d'une
facture très rare.

La collection Georges Vanderbilt contient elle aussi
de splendides Manet (*Le Repos* et *L'acteur Rouvière*
dans Hamlet). Celle de miss Simpson, des Fragonard.
La collection Georges Blumenthal, des objets du
Moyen Âge, des tapis du XVe et du XVIe, dans un cadre
des plus médiévaux. M. Mortimer Schiff possède,
dans son palais de la Cinquième Avenue, des Fragonard, parmi des trésors du XVIIIe français ; le banquier
Julius Bache, propriétaire de six Holbein, vient d'acquérir les *Comédiens italiens* de Watteau (le tableau

que le kaiser emporta sous son bras lors de la fuite en Hollande). Les Fouquet et les Clouet de M. Friedsam, la collection Berwind, la collection du juge Gary, président de l'United Steel Corporation, enfin la collection de M. Hamilton Rice (Robert Isidore Cécil Ernest), dans la Cinquième Avenue qui contient une des plus belles tapisseries gothiques existantes, ayant appartenu à Henri VIII, un Holbein et un Memling acheté au roi de Portugal, font de New York un des centres d'art du monde. En peinture moderne, aujourd'hui que la collection Quinn qui réunissait Ingres, Daumier, Cézanne, Picasso, Braque et Derain, a été dispersée, c'est la collection Adolphe Lewisohn, avec ses Manet, Cézanne, Lautrec, Renoir, Rousseau (*La Jungle*), qui est la plus importante de New York. Enfin New York va avoir bientôt son musée d'art moderne.

Continuant à longer la Cinquième Avenue, je débouche dans *Harlem*.

C'est le gouverneur Stuyvesant qui fonda, vers le milieu du XVIIe siècle, le village hollandais de La Nouvelle-Harlem, sur un camp d'où les Indiens venaient d'être chassés ; plus tard, Washington y livra bataille. Un siècle après, les émigrés allemands s'y fixèrent. Aujourd'hui, lorsque nous en remontons les deux artères principales, la Cinquième Avenue et Lenox Avenue, nous rencontrons d'abord les Juifs, puis des Suédois, enfin, à partir de la Cent Vingt-Cinquième Rue, des Noirs.

Ce sont les nègres, beaucoup plus que les tulipes, qui ont fait la réputation mondiale du nom de Harlem. Les esclaves, amenés du Brésil à La Nouvelle-Amsterdam par la Compagnie des Indes, n'y avaient pas proliféré autant que dans le Sud ; beaucoup n'en avaient pas supporté le climat rigoureux, d'autres

avaient été brûlés ou pendus lors de la grande
révolution des esclaves, au XVIIIe siècle ; après leur
émancipation, en 1827, ils avaient presque disparu de
New York. Au XXe siècle, l'industrie, les hauts
salaires, une plus grande tolérance sociale, attirèrent
de nouveau les gens de couleur vers le Nord ; pendant
la guerre de 1917, les plantations sudistes se vidèrent
au bénéfice des usines. La prohibition avait enrichi la
colonie ; certains de ses membres étaient devenus de
condition aisée, comme cette fameuse Mme Sarah J.
Walker, morte en 1919, qui gagna vingt-cinq millions
en inventant une préparation à décrêpeler les cheveux.
Les Noirs achetèrent du terrain. On sait que l'opposi-
tion des races en Amérique se traduit par une sourde
guerre civile dans laquelle locataires ou propriétaires
de couleur ne peuvent progresser que bloc par bloc,
maison par maison ; aussitôt que les nègres ont, soit
par surprise, soit par ténacité, soit à coups de capitaux, réussi à acquérir des immeubles, les Blancs
désertent aussitôt le voisinage ; il en fut ainsi pour
Harlem, où d'abord groupés dans la Cent Trente-
Cinquième Rue, ils remontèrent peu à peu jusqu'à la
Cent Vingt-Cinquième Rue.

Les trois cent mille nègres de Manhattan ne sont
pas tous à Harlem ; il y en a aussi dans la Cinquante et
Unième Rue d'Ouest, le long du chemin de fer aérien,
dans la Cinquante-Neuvième Rue Ouest, près de
Colombus Circle, et dans la Trentième et la Trente-
Septième Rue Ouest, à partir de la Huitième Avenue ;
(c'est même là, non loin du quartier français, un coin
assez dangereux où le boxeur Siki a été tué).

Lorsque le promeneur — si l'on peut parler d'un
promeneur à New York — remonte sans faire attention la Cinquième Avenue, et que, tout à coup, il lève
la tête, il est surpris de voir, dans le cadre ordinaire
des maisons basses à façade de pierre brune et à

escalier extérieur, un spectacle complètement exotique : à quelques mètres, en quelques minutes, tous les New-Yorkais sont devenus noirs ! Se trouve-t-il dans le métro et lit-il son journal ? Un écriteau attire son attention : Cent-Vingt-Cinquième Rue ; il regarde à ses côtés : son wagon s'est changé en un wagon de nègres ! Suspendus aux poignées de cuir par une longue main noire et crochue, mâchant leur gomme, ils font penser aux grands singes du Gabon... C'est tout le Harlem travailleur, celui des domestiques, des laveurs de vaisselle, des hommes de peine, des cuisinières et garçons d'ascenseur qui, le soir venu, rentre chez soi... Deux stations plus loin, comme à la nuit succède le jour, tout le wagon redeviendra blanc. A la surface, ce ne sont que jeux, cris, bousculades ; faute de cours intérieures, la police a dû fermer certaines rues aux voitures pour que les négrillons y puissent jouer à la marelle. De jeunes négresses déjà nubiles se précipitent, balançant leur corps harmonieusement, avec un bruit atroce de patins à roulettes, une vitesse bestiale, un éclat guerrier, quelque chose de sauvage et de triomphant, pareilles à quelques vierges noires d'une future révolution africaine. L'hiver, en remontant vers la rivière de Harlem, on trouve des patinoires (comme dans chaque faubourg de New York) où tout le quartier se divertit à glisser le soir à la lueur des lampes à arc ; beauté de ces glissements nocturnes, « délices mélancoliques » du patinage, qu'aimait Lamartine. Un an après mon séjour à Tombouctou, en ce même mois de février, je me prends à contempler ce spectacle, peu soudanais, de nègres en chandail et en passe-montagne, courant sur la glace et y dessinant leurs arabesques noires. Tropiques en fourrures ! Les extrêmes se touchent : boutiques d'esthétique faciale, gandins en chemise rose ou verte, marchands de banjos et de couronnes funéraires (après un enterrement chinois, rien ne vaut un enterrement nègre), nègres triturant de leur mâchoire des boulettes de pepsine, les yeux absents, atteints d'une névrose de la mastication, mornes comme des Orientaux tripotant leur chapelet ; figures enfoncées dans des caoutchoucs clairs, trop clairs, grosses joues débordant de chapeaux trop petits... Ainsi groupés au bout du Manhattan, ces Noirs reprennent leur sens et ce quartier redevient un lieu d'exotique gaieté, de désordre humain et pittoresque ; ils rompent le rythme mécanique de l'Amérique et il faut leur en savoir gré ; on avait oublié que des hommes peuvent vivre sans compte en banque et sans baignoire. Au carrefour, debout, symbole de la civilisation blanche, le policeman surveille cette petite Afrique ; si ce policeman venait à disparaître, Harlem redeviendrait vite une Antille, livrée au vaudou et au césarisme oratoire d'un Soulouque à plumet...

C'est l'été, un samedi soir, par un de ces longs crépuscules de juillet, qu'il faut observer les nègres, à la tête noire, luisante et crépue comme une mûre, prenant le frais au bas de leur porte, dans Lenox Avenue, discutant, se querellant, jouant aux Nombres, leur jeu favori, flirtant avec des mots compliqués et des yeux simples...

1926 et 1927 furent de grandes années pour le Harlem de nuit, mais en 1929, sa réputation avait déjà baissé. Las du *Cotton Club*, du *Sugar Cane*, du *Second part of the night* avec leur décor de plantation, et curieux de spectacles moins monotones, je recourus à mon ami Jupiter, nègre français de la Martinique et portefaix aux docks. Je partis en taxi par une tempête de neige comme au cinéma, et arrivai à Morningside (quatre dollars au compteur), à la résidence presque élégante de mon Jupiter déguenillé. Nous repartîmes ensemble et nous arrêtâmes (six dollars au compteur) à la porte d'une maison dont l'aspect misérable me satisfit. Enfin, un Harlem inconnu des Américains ! Dans ce taudis m'attendaient, en habit, les amis du débardeur ; au centre de cette cité ouvrière, ils avaient aménagé une garçonnière d'un luxe sordide, avec brûle-parfums, draperies de peluche, lampe d'albâtre et victrola. Jupiter, très fier de ses relations mais honteux de lui-même nous laissa bientôt et, s'éloigna, très pauvre, sur un fond de neige. Ces nouvelles connaissances s'avèrent, hélas, trop *smart* pour moi ; tout à la fierté d'être vus avec un Blanc, ces nègres ne me montraient rien, mais me montraient partout ; déjà je voyais poindre à nouveau le *Cotton Club*, le *Sugar Cane*. Je protestai. Nous descendîmes alors dans l'African Room du *Club Harlem*, 338 Lenox Avenue (couvert gratuit, décorations murales d'Aaron Douglas). En attendant une revue annoncée comme : « bizzar et varicolorée », des petites filles havane s'assirent à notre table, me fouillèrent les poches afin d'y trouver de l'alcool et des lettres d'introduction pour Paris. Mes compagnons très fiers, parlaient haut, et comme n'osant pas abîmer la langue des Blancs, en un idiome beaucoup trop articulé, qui attirait l'attention... Cet endroit, malgré les murmures syncopés de la troupe des *Africano's*, ressemblait à tous les autres, à *Small's*, à l'ancien *Nest*, au *Savoy Ball Room*, au *Capitole*. Soudain, me voyant noter quelques impression, une des habituées s'approcha de moi et me dit d'un air complice :

— Je vois ça, c'est de la copie que tu viens chercher... « *I see, looking for some material...* »

O cher van Vechten, je cours encore !

Dans le cabaret souterrain où je me rendis ensuite, un certain nombre de jeunes filles en robes vertes et mauves qui allaient figurer un peu plus tard dans la revue dite des *Beautés de bronze*, très fardées, prenaient des verres en compagnie de gros marlous nègres aux cheveux laineux ornés d'emplâtres carrés, en rose taffetas gommé. Ces messieurs s'étaient disputés la veille dans la rue et le policeman noir leur avait donné sur le crâne quelques coups de sa massue de nuit, plombée ; aujourd'hui, réconciliés, ils caressaient d'une main puissante les dos nus de leurs petites danseuses qui d'ailleurs, à la mode berlinoise, étaient des jeunes gens. Le garçon servait les consommations, en faisant des glissades sur le parquet ciré... Une vieille dame entra dissimulant un paquet sous son bras.

— Voici les bas chauds ! (*Hot stockings !*) s'écrièrent les figurants-figurantes ; c'était l'heure de la marchande de bas d'occasion, volés le jour dans les grands magasins et revendus, la nuit, à vil prix. Les fées (*fairies,* en argot américain invertis des deux sexes) s'élancèrent tandis que commençait à retentir, parmi les détonations des tambours et les cris de la jungle, une chanson d'Helen Morgan...

Déjà on hissait par l'étroit escalier quelques buveurs en catalepsie, déjà le vieux nègre aveugle qui vend les journaux du matin s'avançait, conduit par une étoile de l'établissement, et on pouvait lire maintenant à la lumière du jour une grande affiche ainsi conçue :

« *Now come down to Harlem town*
See things done up hot and brown. »

(Venez à Harlem, tout y servi noir et chaud !)

Harlem, c'est la patrie du jazz, c'est la mélodie nègre du Sud débarquant à la gare de Pennsylvanie, plaintive et languissante, soudain affolée par ce Manhattan adoré, où tout est bruit et lumière ; c'est le rêve du Mississippi, devenu cauchemar, entrecoupé de

trompes d'autos, de sirènes ; comme à travers Wagner
on pressent le tumulte des éléments, ce qu'on entend
au fond du jazz, c'est la rumeur de Lenox Avenue. Le
nègre est heureux à New York. Ni durs travaux, ni
Klu-Klux-Klan, ni wagons réservés ; en pleine ville,
dans les restaurants populaires, un nègre peut maintenant se faire servir. Beaucoup d'écoles de Blancs
l'admettent, sauf protestation des parents blancs. Les
plus cultivés ont accès aux professions libérales ; ils
forment un centre artistique agréable, une petite
« intelligentsia » en contact avec les milieux analogues
blancs ; elle compte des artistes comme le ténor
Roland Hayes, Paul Robeson, l'acteur incomparable
d'*Emperor Jones* et le beau baryton de *Show-boat*,
Walter White, excellent romancier noir, si l'on peut
dire, car White est aussi rose et blond qu'un Suédois,
etc. C'est par l'art, par la musique et la poésie que
Countée Cullen, Weldon Johnson, Braithwhite, par le
roman que Chesnutt, Fisher, Mac Kay, W. E. V. Du
Bois, Nella Larsen, par la peinture qu'Aaron Douglas,
Woodruff et Albert Smith ont su, en dix ans, s'imposer
au respect et à la sympathie de New York.

Aussitôt passée la rivière de Harlem, dont l'aspect
rappelle ces coins du canal Saint-Martin où sur des
eaux grasses, couvertes de suie, dorment des péniches,
commence le *Bronx*. Avant l'occupation hollandaise,
ces terres appartenaient aux Indiens Mohicans. Au
XVIIe siècle, le patron Jonas Bronck fit sa paix avec les
Peaux-Rouges et y construisit une ferme qu'il baptisa
Emmaüs. Le Bronx, faubourg anonyme, cimetière
pour vivants, plus grand que l'île Manhattan dont il
est séparé par la rivière de Harlem, est traversé d'un
immense boulevard ou *concourse*, bordé d'abord de
hautes bâtisses, ensuite de petites maisons d'habitation où logent Juifs et étrangers, toutes pareilles, avec
réservoir sur la terrasse et une forêt de manches à

balais, antennes pour radio. Dans les rues transversales, rues sans joie, une file de petit ghettos en brique
étalent de vrais marchés orientaux. L'été, la rivière de
l'Est s'anime du va-et-vient des remorqueurs, des
embarcations de toutes sortes et du passage des
bateaux de touristes. L'hiver, dans les chantiers,
séjournent les yachts, les grands racers ; les voiliers
fuselés dorment sous leur housse grise, attendant les
prochaines régates de l'American Cup. Certaines
maisons des bords de l'eau sont anciennes et
construites avec les débris de vieilles frégates
anglaises.

Très loin, dans une maison du Bronx, habitait
pendant la guerre un Juif russe à barbiche et à lunettes
d'acier. Ce matamore passionné regardait par les
fenêtres la ruelle où des marchands de cacahuètes
grillées défendent leur marchandise contre les vauriens rapides, chaussés de patins à roulettes ; il
hésitait… fonderait-il ici une famille ? s'enliserait-il
dans l'égalité du bient-être américain ou rentrerait-il
un jour à Pétrograd pour y prêcher un autre commu-
nisme ?… Vint la débâcle de 1917. Il décida d'échapper à la surveillance interalliée et se mit en route pour
l'histoire : c'était Léon Davidovich Bronstein, dit
Trotsky.

J'allai rendre visite aux bêtes du *Jardin Zoologique*,
aussi beau que le *Zoo* de Londres. Il soufflait un vent
glacé, venu du nord ; les phoques à robe huileuse
regardaient, fort ennuyés, l'eau durcie des étangs,
mais une faune américaine ignorée de l'Europe, chiens
du Labrador, coyotes de la Prairie, chiens sauvages ou
dingos, renards rouges ou argentés, yacks bossus,
retrouvaient avec plaisir ce climat violent de leurs
plaines. Bisons à tête énorme, au court train de
derrière abattu, dont les ancêtres sont peints sur les

parois des grottes préhistoriques, bisons rouges
d'Oklahoma dont l'effigie est frappée sur l'avers des
monnaies de nickel, exaltent le patriotisme américain
et demeurent le symbole de la conquête de l'Ouest.
On sait l'amour des Anglo-Saxons pour les bêtes.
Chaque ville des États-Unis met son orgueil (auquel
s'ajoutent peut-être les traditions du totémisme
indien) à posséder les meilleurs spécimens d'animaux,
et fait parcourir les tropiques par ses rabatteurs et ses
acheteurs. Rhinocéros ridés comme Rockefeller Sr.
Tigres du Bronx, grands chats gourmands, la gueule
ruisselante de lait au goûter de cinq heures ; dès qu'ils
se sont salis, un employé galonné arrive, une pelle à la
main et lave à grande eau ; léopards, pumas vénézué-
liens, et surtout ces très rares jaguars des jungles
guatémaliennes, frères de ceux des frises yucatanes,
hypocrites et soyeux. Mais toute mon affection, je la
garde pour les ours, vrais fétiches américains, ours
polaires prenant leur tub glacé, ours de l'Antarctique,
blancs comme la constellation, jadis pris au lasso, et
dont le dandinement semble une lutte contre le nœud
coulant ; les oursons russes avec leur derrière bas et
rond, si comiques ; chacun, sur un écriteau, porte son
âge, son histoire, la date et les conditions de sa
capture. J'ai longtemps eu pour ami le grand ours noir
des îles de l'Amirauté, mais maintenant, je lui préfère
les grizzlis des Rocheuses ; endormis sur le dos, ils se
lèchent mollement les pattes après leur déjeuner, la
tête posée avec nonchalance sur le rebord du bassin, le
ventre au soleil ; ce sont les seuls flâneurs de New
York.

Au centre du Bronx se trouve un jardin public, Van
Cortlandt Park, parc à l'américaine, c'est-à-dire non
dessiné, étendue boisée coupée de plaines que traversent des golfs populaires, des pistes cavalières ou des
tennis. Cortlandt Park, seul, peut encore donner une

idée de ce que fut un grand domaine de l'époque coloniale. Au sud, sur une hauteur, s'élève le manoir presque normand des Van Cortlandt, où fréquentèrent Washington et Rochambeau. Avec Dyckman House, Philipse Manor House et la maison du marchand de vins français Jumel, qui y vivait sous la Révolution, Cortlandt House est une des dernières demeures new-yorkaises du XVIIIe siècle. Maison simple, en briques et pierres, avec ses cheminées à carreaux de Delft et ses fers forgés, elle a conservé des salons à boiseries blanches et des meubles Chippendale ; aujourd'hui musée, on y retrouve les pièces basses, les cuivres et les étains dont les Hollandais transmirent le goût aux *squires* anglais et aux bourgeois américains. Les descendants des Cortlandt possèdent encore une partie des terrains mais la spéculation en banlieue a été telle, depuis la guerre, qu'ils pourront sans doute bientôt, comme jadis les Wandell dans la Cinquième Avenue, vendre pour vingt-cinq millions le seul emplacement de leur chenil...

Au-delà de Van Cortlandt Park s'étend le cimetière de Woodlawn et commencent Yonkers, Mount Vernon et New Rochelle... C'est la fin de l'État de New York.

Ici s'éteint Broadway, un Broadway sans lumières, un chemin misérable, méconnaissable, oublié en pleine campagne. L'hiver, personne ne vient aux Polo Grounds, ni au New York Athletic Club, ni aux terrains de sport de Washington Bridge, ni aux pistes d'entraînement de Columbia ou de New York University.

Si je m'arrête sur cette place publique de province, qui porte pompeusement le nom de *park* et devant cette baraque de planches à volets verts, dont le nom est *Fordham Cottage,* c'est qu'Edgar Poe y habita de 1846 à 1849. Poe lui trouvait un air de bon goût *(an air of taste and gentility)*, sans doute à cause des tendres et atroces souvenirs qu'il y laissait, car c'est là que Virginia Poe mourut. L' « homme au corbeau » vécut seul ici dans son veuvage et y écrivit *Eureka, Annabel Lee, Ulalume*.

A mes pieds, la plaine de Harlem où les patinoires font des dalles de marbre blanc ; devant moi, l'apparition surprenante d'un cloître de pierre rose aussi beau que celui de Moissac, d'un roman plus pur ; cet exilé, venu du Lot, gèle sur ces hauteurs et sa brèche tendre périra aussi sûrement — mais pour des raisons opposées — que nos marqueteries et nos bois de rose du XVIIIe siècle, dilatés par l'infernal chauffage de New York.

A travers les cintres romans, j'aperçois, là-bas, les petites filles en maillot vert ou rouge qui patinent dans la vallée de Manhattan.

Université de Columbia.

« *Apprenez à domicile... Détachez ce coupon et notez ce qui vous intéresse... Comptabilité, agriculture, biologie, cours de psychologie commerciale, de mathématique commerciale, de droit commercial, d'anglais commercial, de rédaction pour revues commerciales, cours de composition pour films, cours de littérature, cours pour assureurs ou pour apprentis romanciers, cours d'astronomie, de poésie, de machine à écrire, etc.* »

Telles sont les affiches de recrutement de l'université de Columbia. La grande *alma mater* new-yorkaise n'est ni sportive comme Yale, ni aristocratique comme Princeton, ni vieille Amérique comme Harvard. Sous la dictature éclairée du président Nicolas Murray Butler, elle est avant tout pratique : centre d'études utilitaire, formant des hommes d'action, non des savants. C'est une usine, une manufacture de la culture. Fondée en 1754 par George II, avec l'argent

d'une loterie, elle fut d'abord le Collège Royal, devint
Columbia College, à la Révolution, puis, à la fin du
XIXe siècle, Columbia University. Elle n'est pas isolée
du monde, ne tourne pas le dos à la vie quotidienne ;
en cela elle ressemble aux nôtres. Petite ville de
briques et de marbre, à l'intérieur de la grande, elle se
compose de toute une série d'édifices ou de bâtiments
qui vont des bords de l'Hudson jusqu'à Amsterdam
Avenue. Maison internationale pour les étrangers,
fondation Rockefeller, Maison d'Italie, centre de
culture italienne, Barnard College, nombreuses écoles
de journalisme et de commerce, musée dramatique,
halls donnés par les millionnaires. La bibliothèque
ressemble à la gare de Pennsylvanie, qui elle-même
ressemble aux bains de Caracalla. University Hall n'a
rien de la grâce abandonnée et mélancolique des halls
oxoniens ; c'est une antichambre d'hôtel, c'est
l'Agence Cook de la Science : les machines à écrire y
crépitent, les fichiers s'épaississent sans cesse de
nouveaux cartons, des secrétaires casqués prennent,
par téléphone, des commandes, toute la journée.
Depuis un quart de siècle le président Butler
commande ici. C'est un des hommes les plus importants des États-Unis ; il inspire les grands journaux,
les politiciens le craignent, les présidents de la République le consultent, l'Europe le comble d'honneurs,
Mussolini lui envoie des billets doux, ce qui n'empêche pas le président d'inviter des ennemis du
fascisme, un Sforza ou un Ferrero, à venir faire des
cours ; Oxford et Cambridge le ménagent ; il est
grand-croix de la Légion d'honneur. Mais, avant tout,
américain.

Columbia a longtemps dédaigné la culture physique ; aujourd'hui sa piste couverte, sa piscine se
peuplent à nouveau de champions, mais la place
manque, car elle a laissé passer l'occasion d'acheter de

grands terrains voisins devenus maintenant inaborda-
bles. Le président rêve de faire de Columbia, quand
les générosités qu'il sait provoquer le permettront,
une cité de parcs et de jardins. Telle quelle, puissante,
riche, active, hâtive, pleine d'étudiants avides d'apprendre, lieu de rencontre de toutes les races, de
toutes les couleurs de peaux, elle est l'image même de
New York. Des esprits sans bienveillance ont dit
d'Oxford, enfoncée dans le passé, qu'elle était la
maison des causes perdues : Columbia est celle des
causes gagnées.

Le *musée de l'Indien américain* ou fondation Heye,
dans Audubon Park. Deux millions d'objets : masques iroquois aux longs cheveux, coiffures sioux à tête
de buffle, habits de phoque, avec bonnets de cuir
rouge portés par les Indiens Esquimaux, masques en
peau blanche des Indiens du Sud, masques à tête de
loup ou de chouette des Indiens de l'Ouest... Chemises de peau brodées de perles de couleur, ceintures
de perles noires, charmes magiques, canoës, balei-
nières à formes animales, jades d'Alaska, peignes de
turquoises, coiffures de guerre, têtes Jivaro bouillies
et réduites, cartes peintes sur cuir de buffle... L'art
des Indiens, fait surtout d'ustensiles de vanneries,
d'habits de peaux et de parures de plumes perpétue
des traditions très anciennes, sans le savoir, et donne
une vivante idée de ce que fut l'art décoratif des
époques aztèques, toltèques ou mayas dont la matière
périssable a laissé peu de traces. On voit aussi une
réduction fort exacte, de l'île de Manhattan, telle
qu'Hudson la découvrit, avec ses chasseurs au buste
nu, sortant de leur hutte d'écorce.

Je rentre en longeant l'Hudson. Du haut du boulevard extérieur, de Riverside Drive, la vue s'étend sur

la rive opposée du New Jersey, derrière lequel descend le soleil sur un fond argent, rose et noir, que les peintres de la Tamise, dans mon enfance, nommaient un « arrangement ». A mes pieds, c'est d'abord la voie ferrée s'en allant vers Chicago, puis des docks, des ateliers de réparations de moteurs auxiliaires et de chaudières, des chantiers navals, des hangars pour calfateurs de péniches, des abris de yachts dont on devine les lignes harmonieuses sous les bâches blanches, de skiffs légers qui attendent le retour des beaux jours ; c'est l'immense et salubre estuaire de l'Hudson, où les Hollandais chassaient la baleine et dans lequel souffle un vent gémissant et glacé. Aujourd'hui, les spéculateurs se sont emparés de cette grève de Greenwich où jadis on tirait à sec les caravelles et y ont aligné des gratte-ciel à appartements ; mais l'hiver, le froid est tel que beaucoup de New-Yorkais désertent ce nouveau quai des Morfondus et s'en vont habiter, de préférence, Sutton Place, sur l'autre rive de Manhattan, pour s'y réveiller au soleil du matin. Comme l'Hudson est majestueux, pourtant, bordé par les Palissades, falaises rocheuses du rivage de Jersey, qu'on voit tomber à pic sur la rive opposée et sur la crête desquelles on aperçoit des arbres, un peu de campagne. En amont, on évoque les belles promenades d'été, les eaux calmes de Toppan Zee, puis les Hautes Terres, les Détroits, jusqu'aux Katskill et jusqu'à la capitale de l'État de New York[1]. Vieille région de fermes coloniales et de concessions seigneuriales qui se prolonge tout au long des bords de ce fleuve, traversée par l'ancienne piste des Indiens Mohawks, jusqu'au cœur même de l'Amérique.

---

1. Qui n'est pas New York mais la petite ville d'Albany ; les États de l'Amérique du Nord ont pour principe d'élire comme capitales des cités d'importance secondaire.

De la rivière de Harlem jusqu'à la Soixante-Douzième Rue, Riverside Drive est habité par les Juifs ; le boulevard s'enorgueillit d'un « château » copié sur celui du duc de Guise et qui appartient à M. C. Schwab, roi de l'acier. C'est aussi d'acier trempé à New Jersey que semble être fait, ce soir, l'Hudson, charriant d'énormes glaçons craquelés, dans sa débâcle aux bords frangés de sel, comme la Neva. Je longe le cimetière de la Trinité et la masse imposante et tubulaire de l'Institut Psychique. En face de moi, j'aperçois les taches brunes de Newark, le terminus des lignes de Pennsylvanie, Hoboken, la ville des teintureries, Bayonne, où se raffinent les pétroles.

A la Soixante-Douzième Rue, Riverside Drive fait place à ces docks qui vont se prolonger désormais, sans interruption, jusqu'à la Batterie. Cette Soixante-Douzième Rue est le quartier des modistes. Elle me rejette dans le populaire Broadway. A Sherman Square, impressionné par un monument commémoratif aux Écrasés de New York (821 morts dans les huit premiers mois de 1929), je ne traverse plus la chaussée qu'avec précaution. Poe habita près d'ici avant de remonter à Fordham, et y écrivit *Le Corbeau* ; un peu plus tôt, à Somerindyke House, Louis-Philippe en exil donnait des leçons de français.

Société historique.

Ce musée, entretenu non pas aux frais du contribuable mais par des dons privés, ne renferme pas seulement de vieilles affiches, d'antiques carrosses, des plats d'étain de l'époque coloniale ou des drapeaux de régiments dissous : on y trouve, en gravures, estampes, tableaux et livres, toute l'histoire de Manhattan. Collection des premières cartes géographiques de l'île, un plan du duc d'York ; cuivres d'eau-forte où sont gravées des rues du XVIIIe siècle et, avec des arbres plus hauts que ses maisons, un Wall Street du temps de Balzac.

Voici le plus insigne des musées de New York, le *Musée d'Histoire naturelle*. Tous les Rembrandt du Metropolitan, je les donnerais pour ces œufs de dinosaure. La mission Andrews, qui les a apportés de Mongolie, les retrouva, en 1925, tels que la mère dinosaure les avait perdus il y a cinquante mille ans, dérobés à ses soins par une soudaine tempête de sable ; ils contiennent le squelette de l'embryon. Si on pouvait les faire couver et avoir des dinosaures à trois cornes, le mongol et terrifiant embolotherium et ses frères cadets, les brontosaures, longs de dix mètres ! Faune à l'échelle de Broadway. Cette mission, heureusement, va repartir ; elle a publié d'étonnantes photographies qui donnent la nostalgie des steppes et des déserts de pierres aux tentes de feutre noir.

Salle Darwin, j'aperçois un espalier fleuri ; je m'approche : il est peint ; plus près encore : c'est notre arbre généalogique, nos titres de noblesse humaine, notre évolution depuis la bactérie jusqu'à moi-même. Ce tableau n'ose pas nous faire descendre du singe (qui risque cette hypothèse est condamné par les tribunaux américains), mais d'un rameau voisin. Perdu parmi les enfants des écoles, je me laisse expliquer par d'autres tableaux muets les principes darwiniens, le développement de la domestication, la lutte pour l'existence ; je contemple notre univers, se querellant, s'entre-dévorant, les plus faibles s'arrangeant pour changer de teinte, les héros à belles couleurs disparaissant les premiers. Voici les vitrines de coraux blancs, les uns comme des ramures givrées, comme des doigts de sel gemme, les autres pareils à d'énormes cervelles neigeuses, à des icebergs en forme d'éponge ; madrépores palmés des Bahamas, tables rondes sous-marines. Plus loin, ces moustiques en verre coloré, à l'aspect brillant et précieux de bijoux gigantesques, grandis dix mille fois, comme les poulets de Wells, avec leur chair mauvaise, leurs ailes de corne, pareilles à des ailes d'avion, leurs écouvillons noirs et mortels...

La collection des gemmes est due à Pierpont Morgan : huîtres illustrant l'histoire de la perle, cristaux géants, quartz polis, cristaux de roche, aigues-marines, cyclopéennes, coupes en agate irisées, pierres mystiques, lingots d'or avec toute la légende de l'or, et ces diamants dans leur gangue, d'un tel poids que je pense au Brésilien dont parle Darius Milhaud, qui mettait ses joyaux au fourgon à bagages. Au deuxième étage, tous les animaux de la création empaillés, naturalisés, présentés avec méthode, comme une arche de Noé immobile. Enfin, la section indienne. Qu'elle fasse double emploi avec le musée de l'Indien américain, peu importe ; profitons d'aussi rares beautés. D'abord des documents sur la vie des tribus du Pacifique Nord et des objets rapportés par l'expédition Jesup. Là est la clef de voûte qui relie l'art sibérien, norvégien, islandais à l'art chinois, à celui du Nord du Japon (voir la section aïno au musée de Brooklyn), puis, par l'Alaska, sans discontinuité à l'Amérique du Nord, au Mexique et au Pérou. Momies aléoutiennes, costume de danse en fourrure d'ours, grands canots de guerre, ancêtres des barques de Vikings, statues funéraires en peau blanche avec ornements de nacre, masques cornus, poilus, jaunes ou blancs, masques en peau d'hermine, masques pour représentations mythologiques, dont les joues s'ouvrent comme des volets et qui à l'intérieur découvrent une deuxième, puis une troisième figure, dépassant en coloris, en étrangeté imaginative, sinon en beauté, tout ce qu'a produit l'Afrique ; poutres totémiques,

pignons sculptés *(totem poles)*, où se chevauchent des
chouettes, des monstres et des corbeaux à bec saillant.
Ces instruments magiques, ces symboles de sociétés
secrètes, ces clubs de cannibales, ces rites, ces cérémo-
nies d'initiation, comment expliquer qu'ils soient les
mêmes sous le pôle que sur les bords du Tchad ?
Lorsque l'heure de la fermeture arrive, je me retrouve
sur le trottoir, perdu dans l'espace et dans le temps.

C'est ici un quartier de studios, puis d'automobiles
et de garages. Dans toutes les devantures, des châssis
argentés, des coupes de victoire sont exposées parmi
les palmiers.

Précipitant l'arrivée du crépuscule, New York s'est
éclairé tout d'un coup. Je marche dans la direction de
lettres de feu hautes de dix mètres ; c'est le gratte-ciel
de la General Motors, curieusement déplié en paravent, qui commande l'entrée du Broadway nocturne à
la Cinquante-Neuvième Rue. Cet incendie, c'est
Ford ; cet autre encore, c'est Packard ; ce brasier,
Chevrolet. L'automobile est la plus grande et la plus
récente entreprise de conquête qu'aient tentée les
États-Unis : New York en est le port de base. Detroit
a décidé depuis cinq ans que l'univers roulerait dans
des voitures américaines comme, déjà, les joues de
tous les hommes sont grattées par le rasoir mécanique
américain ; aucun tarif de douane n'empêchera ça. Par
l'estuaire de l'Hudson, l'auto américaine se répand
dans le monde, instrument d'évasion, outil de vitesse,
qui, après avoir libéré les États-Unis, brise le puritanisme, volatilise l'épargne, démolit la famille, tourne
la loi, mène la terre vers les catastrophes et les belles
aventures.

Toute cette façade nord s'est allumée, sur un front
de deux kilomètres. De Colombus Circle à droite,
jusqu'au Plaza et aux tours du Sherry Netherland, sur
ma gauche, les gratte-ciel en feu se sont arrêtés

brusquement au bord de cette citerne sombre, Central
Park. Les mares glacées semblent en flammes. Placé
au centre de l'obscurité, je jouis de ce grand feu de
brousse qui m'entoure en carré, me menace et m'épargne. Tout est sec et précis ; les étoiles scintillent au ciel
comme le nickel des trapèzes au haut d'une tente de
cirque.

IV

PANORAMA DE NEW YORK

Asseyons-nous ; nous l'avons bien mérité. Les voyageurs français qui ont visité New York depuis un siècle s'écrient tous : quelle fatigue !

Nous avons traversé la ville de la Batterie au Bronx et du tunnel de l'Hudson au pont de Brooklyn. Nous sommes montés aux soixante étages du Woolworth et nous avons touché de la main le plafond bas du cottage de Poe ; nous avons déjeuné pour quelques cents dans les automatiques et soupé, le camélia à la boutonnière, sur le toit du Ziegfeld ; nous avons vu les étroites sentines du ghetto et les piscines d'or des milliardaires ; notre œil a enregistré des mouvements de foules, des éclairages, des affiches, des nuages, des fumées ; nous avons entendu toutes les langues de l'univers au milieu d'un vacarme de camions, de coups de sifflets déchirants et de concerts radiophoniques.

Oui, comme les Français qui nous ont précédés, nous sommes bien las, et cependant que connaissons-nous de New York ? Sauf une courte incursion dans le Bronx, ce que nous avons vu, ce n'est que Manhattan, cœur de New York. Rassurez-vous, nous vous épargnerons la banlieue. Il n'y a rien dans ces étendues suburbaines de « touristique » ; ce ne sont que de monstrueuses hernies, réunies à l'île centrale depuis 1898 : New Jersey, Brooklyn, Queensborough, le

Bronx et Richmond forment ce que l'on appelle le plus grand New York.

Ce Manhattan qui, après la douce Europe, nous est apparu comme une usine, n'est en réalité qu'une boutique. Manhattan occupe la rampe, brille, séduit, offre ses plaisirs, fait circuler l'argent ; il vend, consomme, use avec éclat, mais, par-derrière, c'est le Bronx qui l'habille, Brooklyn qui le nourrit, New Jersey qui lui trempe l'acier de ses maisons. Là se trouve l'anonymat des ateliers, des faubourgs, des cimetières.

Je n'ai pas eu d'autre méthode pour parler de New York que de montrer ce qui m'y plaisait ; si j'ai évité d'importants sujets, c'est qu'ils me semblèrent plus américains que proprement new-yorkais : ainsi les œuvres d'entraide sociale, les donations, les centres de recherches scientifiques, de lutte contre la maladie ou la mortalité infantile (il y a cent trente-huit hôpitaux à New York) ou ces institutions pédagogiques qui sont l'honneur de la civilisation outre-Atlantique. J'ai laissé de côté les temples dans lesquels Washington a entendu la messe, les cathédrales modernes, les monuments officiels. Je redoutais d'infliger au lecteur cet épuisement qui me saisit lorsque, entre deux trains, un Américain, ivre de patriotisme local, veut me montrer toute sa ville en une heure. Je n'ai décrit ni la maison où Jay Gould est mort, ni l'hôtel où le prince Henri de Prusse est descendu, ni le théâtre où la Patti chanta pour la première fois, ni l'arbre planté par Li Hung Chang. J'ai fui le vertige des chiffres, le *best in the world*. Enfin j'ai évité d'appeler Wall Street la Mecque de l'Argent et les gratte-ciel les donjons d'une féodalité nouvelle. Je me suis efforcé de demeurer le plus étranger possible, pour mieux expliquer à des étrangers. New York, organisme vivant, se transforme : quelques mois d'absence suffisent pour en modifier les mœurs, le langage et certains aspects extérieurs ; aussi ai-je écrit ce livre après les quatre séjours que j'y fis entre 1925 et 1929, dont le plus long fut de deux mois. A chacune de ces incursions, des vérités nouvelles me sautaient au visage, qui, autrement que par contraste, eussent été perdues.

J'aime New York parce que c'est la plus grande ville de l'univers et parce qu'il est habité par le peuple le plus fort, le seul qui, depuis la guerre, ait réussi à s'organiser ; le seul qui ne vive pas à crédit sur son passé ; le seul, avec l'Italie, qui ne démolisse pas, mais au contraire ait su construire. Un élan sportif fait souhaiter à tous les élèves des classes d'histoire d'être Espagnols au XVIe siècle, Anglais au XVIIIe, Français à Austerlitz ; ce même enthousiasme nous fait désirer maintenant, au moins pendant quelques instants, d'être américains. Qui n'adore la victoire ?

Et cependant...

Jadis, chaque fois que le téléphone ne fonctionnait pas, je souhaitais que Paris ressemblât à New York. Aujourd'hui, je ne le souhaite plus. Je ne dirai pas, comme Paul Adam retour d'Amérique : « Paris nous apparaît comme une ville archéologique, ville surannée d'artisans méticuleux, de gagne-petit lents et fignoleurs... l'on retrouve ici le repos latin, le petit trot du fiacre, la profusion des discours, les querelles interminables sur les congrégations... » C'est dans cet esprit que j'écrivais, il y a encore quelques années : « La France n'a d'autre ressource que de devenir américaine ou de devenir bolcheviste » ; maintenant, je crois que nous devons, de toutes nos forces, éviter ces deux précipices. Je ne propose pas New York en exemple. Le génie de Paris, c'est justement celui d'un artisan méticuleux. Mieux vaut être une ville franchement démodée comme Londres, qu'un New York manqué, comme Berlin ou Moscou.

Beaucoup de braves gens ont gardé pour l'Amé-

rique un attachement sentimental qui date de
J.-J. Rousseau. Pour un peu ils s'écrieraient : « Les
forêts à peu près désertes, voilà la seule patrie des gens
honnêtes ! » Un encore plus grand nombre de nos
contemporains continuent d'admirer les États-Unis
parce qu'ils sont une démocratie. Les raisons qui nous
font passer l'eau ne sont pas celles-là. C'est d'abord la
curiosité ; la France a été jetée dans les bras des
Américains en 1917 ; elle a eu, depuis lors, avec eux,
une intimité forcée. L'été, nous leur louons Paris.
Notre peuple n'a plus qu'un mot à la bouche : « à
l'américaine ». Le New York de 1930 est, pour nos
jeunes artistes, ce que Rome était pour Corot ou
Poussin... Et l'attrait du dollar... Nous avons hâte de
nous évader de l'Europe, cette « prison pour dettes ».
Seul, New York nous offre le superflu, superflu, père
des arts. « Justice, vérité, nobles tentatives, dit
Tagore, résident dans la force du superflu. »

Un des bonheurs que nous attendons de New York,
c'est de vivre là où ni le gaz, ni l'électricité, ni le
télégraphe, ni le téléphone, ni les moyens de communication, ni l'éducation ne sont des monopoles d'État
ou de municipalité, et, grâce à cela fonctionnent. Un
air sans haine, une ville où l'on est heureux sans honte
nous rassérènent. Paul Bourget écrivait en 1893 :
« Parti de France avec une inquiétude profonde
devant l'avenir social, cette inquiétude s'est apaisée
dans l'atmosphère d'action qui se respire de New
York à la Floride. » Quand jadis on voyait nos chefs-
d'œuvre s'envoler pour les États-Unis, l'on disait :
« Autant de perdu ! » ; aujourd'hui, l'on pense :
« Autant de sauvé ! » Inquiets du lendemain, nos
grands industriels de luxe : Guerlain, Lenthéric,
Coty, Houbigan, Saint-Gobain, etc., installent des
usines à New York ; nos artistes iront peut-être aussi y
chercher un refuge pour ce produit de luxe : la

pensée [1]. Le président Butler, à Columbia, me disait :
« New York sera le centre de l'Occident, le refuge de
la culture occidentale. »

L'Europe, cette mère, a envoyé à New York, au
cours de l'histoire, les enfants qu'elle désirait punir :
d'être huguenots, quakers, pauvres, juifs ou simplement des cadets. Elle a cru les enfermer dans un
cabinet noir, et c'était l'armoire aux confitures ;
aujourd'hui ces enfants sont gros ; ils sont le centre de
l'univers ; ils ont cessé d'être des coloniaux isolés,
travaillés par le complexe d'infériorité ; ils n'ont plus
peur qu'on les dise provinciaux et qu'on se moque
d'eux. La nostalgie de la mère patrie disparaît de leur
conscience. Le Centre-Ouest et la Californie ne
parlent jamais de l'Europe. Mais New York y pense et
s'en préoccupe, car il est moins simpliste, moins
chauvin, moins puéril, plus tolérant, plus intelligent.
Par New York seul pénètrent aux États-Unis nos
idées. C'est pourquoi il nous faut ménager ce trait
d'union avec un continent qui n'a que trop tendance à
ne plus vouloir de nous et qui est devenu si dur et si
inhumain pour tout ce qui n'est pas son bonheur.

New York n'est pas jeune ; il est plus vieux que
Saint-Pétersbourg. Son aventure sera la nôtre. Nous
défendre contre les nouveautés de Broadway, c'est
refuser cet ordre préétabli qui se nomme l'avenir.
« En somme, me disait Cocteau, tu vas à New York te
faire lire dans la main. » C'est bien cela, et ensuite
appliquer à l'Europe ce que j'y ai vu, et ainsi prédire.
Certains déclarent que New York n'a rien d'original.
En attendant, il y a une architecture, des manières,
une conception de la vie new-yorkaise et le monde en
est bouleversé. On oublie trop que New York a été ce

1. « Le parti n'a pas besoin d'intellectuels. » *(Lénine.)*

que sont, ce que furent Londres ou Paris : il y a vingt
ans, les femmes américaines ne fumaient pas et il y
avait encore, dans Central Park, des amazones ; la
presse y débutait au XVIIIᵉ siècle, en même temps qu'à
Fleet Street celle de Londres ; la société knickerbocker, nous l'avons vu, menait la même vie que nos
grands-parents. Ce fut l'Angleterre industrielle du
début du XIXᵉ siècle qui, la première, contamina une
Amérique encore agricole ; c'est pourquoi il est injuste
de rendre celle-ci uniquement responsable de nos
malheurs et de nous détourner de New York comme
d'un lieu affreux, étranger.

Nous allons aussi à New York parce que, depuis dix
ans, en politique, en diplomatie, en commerce ou en
finances, on ne peut rien faire, rien comprendre de ce
qui se passe dans le monde si on l'ignore. C'est une
grande estrade de distribution de prix d'où nos
pugilistes reviennent avec des millions, nos généraux
avec des sabres d'honneur et nos chimistes avec un
gramme de radium. Nous y allons, comme un paysan
va porter ses œufs au marché ; nous y allons, comme
les domestiques de ferme courent s'embaucher au
chef-lieu de canton « parce qu'il y a cinéma tous les
soirs » (et quel cinéma !). New York est l'image même
de la ville, l'expression suprême de la ruée urbaine ; le
mal dont on y souffre, c'est cette corruption des cités
que saint François d'Assise nomme le mal babylonien.
Si vivre dans les villes est folie, au moins New York
est-il une folie qui en vaut la peine.

New York représente-t-il l'Amérique ? Non, affirment un grand nombre d'Américains. Ils ont peur de
New York. Ils ajoutent, avec mépris, que c'est la
première ville juive du monde, la seconde cité italienne, la troisième allemande, la seule capitale de
l'Irlande. Dans son dernier roman, Sinclair Lewis
décrit New York « très pénétré de son rôle, jouant à

l'international, avec ses Juifs russes habillés à Londres et fréquentant des restaurants italiens servis par des garçons grecs au son d'une musique africaine ; 100 p. 100 de sales métis ». New York n'est pas l'Amérique, mais il est certain, évident, que toute l'Amérique voudrait être New York (sauf quelques délicats de Boston, quelques hauts fonctionnaires de Washington, quelques artistes qui aiment leur ranch d'Arizona et quelques stars de Los Angeles qui préfèrent dorer leur peau au soleil du Pacifique). La grande ville, c'est le seul refuge contre l'intolérance, l'inquisition puritaine. Manhattan est le microcosme des États-Unis. Toute la vie américaine est une machine à émotions ; or il y a plus d'émotion dans une journée sur Broadway que dans les quarante-huit États de l'Union réunis. Chicago est trop neuve, San Francisco trop peu solide, Los Angeles trop cité-exposition, La Nouvelle-Orléans trop décrépite : mais New York a progressé solidement et normalement. « Vivre à New York, c'est toucher le pouls du pays », écrit Larbaud dans son étude sur Withman. Withman vivait à New York ; il lui tâtait le pouls en effet et son diagnostic vaudra pour des siècles. New York habille les États-Unis ; il en habille aussi les esprits, ayant presque le monopole du magazine, du journal, du roman. « Tous nos problèmes : logement, hygiène, eau, urbanisme, assimilation des étrangers, me disait le président Butler, sont en petit les problèmes actuels de l'Amérique. »

New York est réaliste, en ce sens que la politique et la guerre y ont toujours passé après les affaires. Il n'exerce son pouvoir qu'indirectement. En apparence démocratique, plus démocratique que le reste des États-Unis, il est, en fait, depuis la fin du XVIIIe siècle, gouverné par une aristocratie de banquiers, en liaison étroite avec l'aristocratie agricole du Sud et avec l'aristocratie intellectuelle de la Nouvelle-Angleterre, au

Nord. La démagogie ne règne que dans la basse
politique municipale. Comme disait un homme d'État
américain : « Notre gouvernement est et a toujours été
une République ; le danger serait qu'il devînt une
démocratie. » Ce sont les classes supérieures, des
bourgeois presque féodaux, des riches marchands, qui
ont créé New York au xvii siècle, ce sont les banques
qui l'ont transformé en métropole à la fin du xviii,
enfin c'est l'impérialisme militaire et commercial qui,
de nos jours, en a fait le centre du monde. Aussi
Lénine l'appelle-t-il « la grande forteresse universelle
du capitalisme et de la réaction ». Derrière ces murs-là
s'abrite la race blanche. On répète chez nous que
l'Amérique n'est que machinerie et matérialisme, que
les forces spirituelles de notre race sont ailleurs. Où ?
« En Amérique latine, en Russie ! » dit Durtain, qui
condamne si sévèrement la civilisation de l'Amérique
du Nord. Je crois que les forces spirituelles de
l'humanité ne sont pas l'apanage d'un pays ou d'une
race, mais de quelques hommes, de toutes origines,
réfugiés sur un bateau qui fait eau : là où la coque me
semble encore le plus solide, c'est aux États-Unis.

New York est le grand central de l'Amérique.
Concentration et congestion. Il tient dans son île
comme dans un poing fermé, les cent vingt plus
grandes banques de l'univers, cent lignes de navigation, onze voies ferrées. Quand nous disons que
l'Amérique est grande, haute, forte, nous pensons
d'abord à New York. Il nous sert d'étalon pour
mesurer un continent. Nous y pensons avec orgueil,
parce qu'il est une création humaine ; nous l'avons vu,
au cours de ces pages, passer de neuf habitants à neuf
millions : c'est nous, race aryenne, qui avons fait cela !

Le plan de Manhattan est dessiné par le destin. Les
limites étroites de l'île l'ont à jamais fixé. Il se tend à
craquer. Ses trams, ses métros, ses lignes aériennes,

ses restaurants et ses théâtres sont bondés, et cependant il s'accroît. Jamais on ne vous refuse l'entrée d'un wagon ou d'un autobus; il y a toujours de la place pour du nouveau. « Pays élastique », écrit Dickens. La sauvagerie des Indiens, la cruauté des boucaniers espagnols, le mysticisme des Quakers, l'anarchie des Irlandais, la poésie des rêveurs allemands de 1848, l'esprit de dissociation des Juifs, le nihilisme slave, New York, ce laboratoire, a tout essayé, le bon et le mauvais; il a réduit cela en poudre et en fait de l'ordre et de la richesse américains. On y imprime, on s'y exprime en vingt-deux langues et cependant tout le monde se comprend. New York est riche. Il s'endort sur l'or du monde enfermé derrière de grosses serrures. La marmite où furent jetés tant de haines, tant de ferments, tant d'espoirs, bout, monte vers le ciel et son bien-être la protège :

      1855 —   27 millionnaires (en dollars)
      1914 —   4 500 millionnaires (en dollars)
      1928 — 50 000 millionnaires (en dollars)

Les rues sont disposées en échelle et, socialement, on y grimpe, comme le perroquet, en s'aidant du bec et des ongles. A trente ans, on est à la Trentième Rue, à soixante-dix ans à la Soixante-Dixième. Ici le mot américain qui désigne l'arriviste prend tout son sens : *Climber, a social climber,* un « grimpeur ».

New York est édifié en cent styles : Washington Square, c'est du style Louis-Philippe, la Cinquième Avenue, c'est la plaine Monceau, la Huitième Avenue, c'est l'avenue Jean-Jaurès et le bas Broadway, c'est du Nabuchodonosor. Bâti par des gens qui prévoient l'an 2000, et trente-six millions d'habitants. Les projets d'aérodrome et de port d'hydravions pour New Jersey en font foi. Il se pourrait d'ailleurs que New York fût tout d'un coup abandonné, au profit de Chicago, le jour où les paquebots auront accès aux Grands Lacs.

En attendant, vingt maisons nouvelles s'y élèvent chaque jour. Elles sont habitées avant d'être terminées. Constructions abstraites, réfléchies, ne laissant rien au hasard, à l'inconfort, à la misère. Ce n'est plus seulement les cent mille lampes d'un gratte-ciel que le maire de la cité allumera soudain, lors d'une inauguration, mais toute sa ville d'un coup, comme un homme qui se réveille allume sa bougie.

Si la planète se refroidit, cette ville aura tout de même été le moment le plus chaud de l'homme. D'ailleurs elle ne s'éteint jamais. Les appartements restent illuminés toute la nuit. La machine à glace, le chauffage central ronronnent sans arrêt pendant le sommeil, l'obscurité du ciel elle-même cède et tous les nuages s'éclairent ; c'est là cet excessif usage de toutes choses que l'Européen avare nomme gaspillage. Cyclone des ventilateurs, cascades d'eau glacée. Les vieilles autos sont abandonnées dans les rues et la municipalité les jette à la mer. La ville dépense tout, vit à crédit, laisse perdre la moitié de sa nourriture, spécule, se ruine, refait sa vie, et rit. Un mot célèbre dit : « Les Juifs possèdent New York, les Irlandais l'administrent et les nègres en jouissent. »

Lumière, mouvement ! plus une ombre ; pas un arbre, pas un espace perdu, rien de ce que la nature y avait mis n'est resté en place. Le matin, arraché au sommeil par le grondement de Manhattan, je sais que je peux avoir tous les plaisirs, sauf celui d'être réveillé comme à Paris, au Champ-de-Mars, par un merle.

New York est ce que seront demain toutes les villes, géométrique. Simplification des lignes, des idées, des sentiments, règne du direct. Cité à deux dimensions, a dit Einstein.

New York est extrême. Son climat est violent, capricieux. Cette année, en avril, on y ramassait des morts par insolation. Les congestions par le froid y font chaque hiver plus de victimes qu'une bataille. La chaleur des appartements est telle que le cœur manque d'éclater. On y vit en bras de chemise.

Ville de contrastes, puritaine et libertine; image double d'une Amérique policée et d'un continent sauvage, l'Est et l'Ouest; à trois pas du luxe de la Cinquième Avenue, voici la Huitième Avenue, sordide et défoncée. New York symbolise l'Amérique et la moitié de sa population est étrangère; il est un centre de culture anglo-saxonne et parle yiddish; il renferme les plus belles femmes du monde et les hommes les plus laids; il vous ruine en une matinée après vous avoir enrichi en huit jours. Fait d'exils, de larmes, de pauvretés, de refoulements, il se ferme désormais aux pauvres, aux ratés, à ceux qui sont « sur des voies de garage », comme disent les Yankees; on y vit, on y siffle, on y répond à tout : O.K. ! (Ça va !) et l'on n'y meurt qu'à la dernière minute, très vite et le moins possible. Pas plus qu'on n'y naît (il n'y a jamais de femmes enceintes dans la rue), on n'y décède. Aussitôt que quelqu'un a poussé le dernier soupir, on l'emmène très vite, en Packard, chez l'embaumeur qui le farde et l'arrange. De sorte que si vous voyez enfin un visage très reposé et très rose, à New York, c'est un mort.

Champ de bataille.

Une confusion terrible règne, comme pendant l'assaut. Le roc tremble, le macadam frémit.

New York est grand, il est neuf, mais grande et neuve, toute l'Amérique l'est; il suffit de mettre l'adjectif nouveau ou nouvelle devant La Rochelle, Jersey, Londres, Utrecht ou Brighton, de repeindre ces vieilles enseignes européennes, de leur ajouter vingt étages pour avoir l'Amérique. Ce que New York a de suprêmement beau, de vraiment unique, c'est sa violence. Elle l'ennoblit, elle l'excuse, elle fait oublier sa vulgarité. Car New York est vulgaire ; il est plus fort, plus riche, plus neuf que n'importe quoi, mais il est commun. La violence de la ville est dans son rythme. Nous avons vu beaucoup de monuments, nous avons vu des dactylos peintes et des messieurs mâchant leur cigare dès le matin, mais nous les avons regardés isolément, au ralenti. Rentrés en Europe, nous nous souvenons des gratte-ciel, mais nous oublions l'élan qui les a élevés. Aussitôt qu'on débarque dans Broadway, tendu comme une corde, on obéit soi-même aux vibrations et l'on cesse de les remarquer. Je n'en ai compris toute la frénésie que lorsque je vis un chat : c'était le seul être rencontré pendant mon séjour qui ne bougeât pas et conservât intacte sa vie intérieure. Je le chassai comme un remords.

La vie de famille n'est plus. L'absence de domestiques, l'interdiction municipale d'avoir la cuisine dans l'appartement, le logement dans les hôtels lui ont porté les derniers coups. Pas d'enfants en bas âge dans les rues. On les envoie à dix-huit mois dans les kindergarten. Les gens déménagent tout le temps. Lorsqu'on les recherche, au bout de six mois on n'en trouve plus trace. Les seules adresses permanentes sont celles des banques. On change de situation comme de résidence. La ville ne se transforme pas moins. On construit pour trente ans : ces édifices sans passé n'ont pas non plus d'avenir. Certains quartiers modifient leur aspect en une saison : « Je m'absente pour une fin de semaine, me dit une dame, et, en rentrant, je ne reconnais plus ma rue. »

Manger ? On mange tout le temps et jamais. Le repas de midi, cette détente latine du milieu du jour, est inconnu. L'air est si vif, si pareil à celui des hautes cimes, le cœur vous bat si fort qu'on ne pense pas non plus à dormir. On est enivré, intoxiqué, empli du bien-être fictif que donne la kola. Il n'y a pas de lits, mais des divans, des sommiers à ressorts qui rentrent, pendant la journée, dans les cloisons. La nuit est supprimée. Comment reposer parmi cette lumière, ces spasmes, ces déflagrations ? Même vides, les boutiques fermées demeurent éclairées jusqu'au matin. Nous avons vu des restaurants pleins, à l'aube : ces gens seront au travail quatre heures plus tard. New York est une ville qui ne s'arrête, ne se détend jamais. Les métros, les tramways y courent de haut en bas toute la nuit, vingt-quatre heures par jour... On s'endort au grondement du chemin de fer aérien et l'on se réveille au même bruit, comme de mille patins à roulettes. Edison a dit, dans une interview, que le sommeil est le dernier reste d'époques préhistoriques où les hommes dormaient parce qu'ils n'avaient rien de mieux à faire dans l'obscurité.

Tout va vite. Le vent y souffle à cent cinquante kilomètres à l'heure, ébranlant les gratte-ciel ; les tempêtes de neige, les tornades d'été s'abattent comme des ripostes de boxe. Personne ne marche ; on saute d'un taxi orangé dans un taxi à carreaux, d'un tube horizontal dans un tube vertical ; on vit d'impulsions : le téléphone est une arme automatique, avec laquelle on mitraille en quelques minutes des quartiers entiers.

On se pousse !

On se pousse sans mauvaise humeur. Tout est gai et cependant terrible. Les lumières et les fanfares de Broadway ne sont pas destinées à faire oublier la vie, mais à la décupler. Les distractions sont placées à côté du travail, comme chez les chercheurs d'or. On s'use terriblement, on tombe, on vous emporte et la partie continue. Si l'on est trop jeune, trop vieux, trop las, on vit ailleurs : sur l'île, on demeure entre adultes. Personne n'habite plus New York pour son plaisir. On y reste juste le temps d'y faire fortune. Chacun travaille le plus possible, le moins d'années possible.

Après quarante ans, les plus chanceux commencent à
aller pêcher le tarpon à Key West ; à cinquante ans on
part jouer au golf à Cannes ; à soixante ans, on offre un
stade à l'université de Columbia, libations au dieu de
la Fortune, mais on habite Fiesole.

Le luxe est le même pour tous ; c'est le demi-luxe.
Pour l'autre, voir, quelque temps encore, l'Europe. Les
modes durent une semaine. « Où est le peuple ? s'écria
La Fayette en débarquant sur la Batterie, tout le monde
est bien mis. » Les modes font gonfler ces millions
d'habitants, les soulèvent comme une pâte, ajoutent à
leur fermentation naturelle. C'est le *thrill*, l'enthousiasme, l'émotion-reine, l'excitation nécessaire, suivies de prostrations et de l'oubli immédiat. Variétés.

New York est surchargé d'électricité. On se déshabi-
ille la nuit au milieu des étincelles, qui vous crépitent
sur le corps, comme une vermine mauve. Si l'on
touche un bouton de porte, un téléphone, après avoir
frôlé le tapis, c'est une décharge ; on a des éclairs bleus
au bout des doigts. « Je vous serre la main à distance,
m'écrivait Claudel de Washington, heureux de vous
éviter une commotion. » Huit millions de coups de
téléphone par jour. Mr. Harriman, roi des chemins de
fer, a chez lui cent postes d'appel. Radios, ondes longues ou courtes, New York est un orage permanent.

« *Mais que se passe-t-il donc ? Quel esprit de vertige
s'est emparé de ma paisible ville ? Est-ce que nous allons
devenir fous ?* »

C'est un Hollandais qui parle. Ce n'est pas l'ombre
de Stuyvesant regardant le Manhattan de 1930 ; c'est
le docteur Ox à Quinquendam, dans Jules Verne...

New York brise les nerfs ; nouveau supplice de la
roue. Les environs sont pleins d'asiles, d'instituts yogis
où les millionnaires arrosent et bêchent. New York
mange les gens, n'en laisse que la fibre ; puis il les tue.

« ... *Mais hélas, si ces plantes, ces fruits, poussaient à vue d'œil, si tous ces végétaux affectaient des proportions colossales, en revanche ils se flétrissaient vite. Cet air qu'ils absorbaient les brûlait rapidement et ils mouraient bientôt épuisés, flétris, dévorés...* »

Le spleen de Londres, lent, mouvant, subtil, qu'est-il à côté du cafard de New York combattu à coups de cocktails, de l'affaissement nerveux qui nous y guette ? Un Européen résiste quelques mois. Le New-Yorkais n'y échappe que par les départs. Le salut dans la fuite. Les gares sont comme les églises d'une religion nouvelle. Tant de fils d'émigrants sont repris par l'ancestral besoin de voyager. Leurs congés ressemblent à des migrations d'oiseaux, de poissons.

« ... *Quand une explosion formidable retentit...* »

C'est la fin du docteur Ox ; comme la ville emplie d'oxygène par le savant, New York, saturé, éclatera-t-il un jour ? Cette cité verticale tombera peut-être à la renverse et nous nous réveillerons... Rien ne peut détruire Paris, nef insubmersible. Paris existe en moi ; il existera malgré Dieu, comme la raison. C'est ce qui me fait souvent l'aimer moins... Mais je ne suis pas toujours sûr de ce merveilleux cadeau qu'est New York. Si ce n'était qu'un rêve, qu'un essai prodigieux, qu'un avatar, qu'une renaissance éphémère, qu'un purgatoire magnifique ?

Les vagues atlantiques reviendront-elles se déchirer sur ces rochers rouges qui furent New York et ne le seront plus, quand rien ne troublera le silence d'un monde un instant agité ?

Villefranche-sur-Mer
printemps 1929.

BIBLIOGRAPHIE[1]

I. L'ŒUVRE

On peut aborder l'écrivain par certains volumes regroupant plusieurs titres.

— *Nouvelles d'une vie : Nouvelles du cœur ;* II : *Nouvelles des yeux*, Gallimard, 1965. — Reconnu surtout comme nouvelliste, Morand a fait lui-même ce choix, qui exclut des textes importants. Une édition d'ensemble est en préparation pour la Bibliothèque de la Pléiade.

— *Poèmes*, préface de Michel Décaudin, Gallimard, coll. Poésie, 1973. — Cette édition rassemble l'essentiel de l'œuvre poétique : *Lampes à arc, Feuilles de température, Vingt-cinq poèmes sans oiseaux, U.S.A.-1927*, recueils publiés entre 1919 et 1928. La bibliographie sommaire procure les indications complémentaires.

— *Œuvres*, Flammarion, 1981. — Sont regroupés sept titres du voyageur, du chroniqueur et du biographe, de 1928 à 1954.

1. Nouvelles

— *Tendres Stocks* (1921), Folio. — Trois portraits de femmes dont « Clarisse », la première, et la première des *Nouvelles du cœur*. Préface importante de Marcel Proust.

---

1. Entre parenthèses, la date est celle de la première édition quand elle ne correspond pas à l'édition aisément accessible et, pour cette raison, indiquée sitôt après. Le lieu d'édition n'est précisé que dans le cas, exceptionnel, où il ne s'agit pas de Paris.

— *Ouvert la nuit* (1922), Folio. — Édition augmentée. Et une préface de 1957 s'ajoute à celle de 1921.

— *Fermé la nuit* (1923), Folio.

— *L'Europe galante* (1925), Grasset, Les Cahiers rouges. — Quatorze textes, dont « Les amis nouveaux » qui suit *Hécate* dans les *Nouvelles du cœur*. Avec *Bouddha vivant* (Asie), *Magie noire* (Afrique), et *Champions du monde* (Amérique), ils constituent *Chronique du XXe siècle*, en un volume disponible chez Grasset. *Bouddha vivant* et *Magie noire*, en vol. séparés : Grasset, Les Cahiers rouges.

— *Les Extravagants : Milady* suivi de *Monsieur Zéro*, Gallimard, 1936. — *Milady* est parfois considéré comme le chef-d'œuvre de Morand nouvelliste. Deuxième des *Nouvelles du cœur*, elle précède *Hécate*.

— *Hécate et ses chiens* (1954), GF Flammarion, 1984, éd. de Marc Dambre.

— *La Folle amoureuse* (1956) dans *Nouvelles du cœur*, 1965. — Publié en 1953, « Escolastica » prend le titre de « La Folle amoureuse » et le donne à ce recueil important de la maturité, qui contenait aussi « La clé du souterrain », inédit, et « Le dernier jour de l'Inquisition », « Parfaite de Saligny », publiés en 1947.

— *Fin de siècle* (1957), Folio. — Rassemble deux inédits : « Fleur-du-Ciel », « La Présidente », et « Le Bazar de la Charité », « Feu Monsieur le Duc », publiés en 1945 et 1942.

— *Le Prisonnier de Cintra* (1958), Le Livre de Poche. — Cinq textes. Préface intéressante, comme celle d'*Ouvert la nuit*, en particulier pour ce qui est dit de la forme de la nouvelle.

— *Les Écarts amoureux*, Gallimard, 1974. « Un amateur de supplices », « Les Compagnons de la Femme », « Le Château aventureux ».

— *East India and Company*, présentation de J.-C. Guillebaud, trad. de B. Vierne, Arléa, 1987. Éd. bilingue de dix des douze nouvelles écrites en anglais et composant l'édition originale de 1927.

2. Romans

— *Lewis et Irène* (1924), Grasset. — Rapports importants avec *Hécate*; voir l'introduction d'*Hécate* (GF).

— *L'Homme pressé* (1941), Le Livre de Poche. — Roman de la vitesse, et contre elle.

— *Le Flagellant de Séville* (1951), Folio. — Roman d'une occupation et d'une société en décomposition : l'Espagne sous la botte de Napoléon.

— *Tais-toi*, Gallimard, 1965. — Malgré l'apparence, livre du langage et du moi.

— *Les Extravagants, Scènes de la vie de bohème cosmopolite*, éd. de Vincent Giroud, Gallimard, 1986. Inédit de jeunesse.

3. Histoire et littérature

— *Vie de Guy de Maupassant* (1942) in : *Œuvres*, Flammarion.

— *Fouquet ou le soleil offusqué* (1961), Folio Histoire.

— *Monplaisir... en littérature*, Gallimard, 1967. Repris en coll. Idées. — Le lecteur de Brantôme, de La Rochefoucauld, de Montesquieu, de Stendhal, de Barbey d'Aurevilly, de Radiguet; les souvenirs d'un ami de Giraudoux, de Proust et de Saint-John Perse.

— *Monplaisir... en histoire*, Gallimard, 1969. — Recueil d'articles et de préfaces, où l'on trouve *L'Europe russe annoncée par Dostoïevsky*.

4. Chroniques et voyages

Dans *Œuvres* (Flammarion), on dispose de :
Paris-Tombouctou (1928), *Hiver Caraïbe* (1929), *New York* (1929), *Excursions immobiles* (1944).

Il faudrait au moins ajouter :

— *Papiers d'identité*, Grasset, 1931. — Bon kaléidoscope du Morand de l'entre-deux-guerres, où apparaissent les tout premiers textes de l'écrivain.

— *L'Eau sous les ponts*, Grasset, 1954. — Après guerre, Morand regarde la vie, le passé, son passé.

— *Venises* (1971), Gallimard, coll. L'imaginaire. — Autobiographie par ville interposée. Pour certains, livre majeur.

5. *Théâtre*

Un volume, publié par Gallimard en 1959, regroupe *Le Lion écarlate*, *La Fin de Byzance* et *Isabeau de Bavière :* un Morand peu connu.

6. *Correspondance*

Il existe un recueil, dû à G. Guitard-Auviste et préfacé par Michel Déon : *Lettres à des amis et à quelques autres*, La Table Ronde, 1978.

Morand a écrit à Jacques Chardonne des milliers de lettres, de 1951 à 1968 ; mais il a décidé qu'on les publierait, si on voulait, en l'an 2000...

II. INTERVIEWS

— Interview du 1ᵉʳ septembre 1923 par Frédéric Lefèvre in : *Papiers d'identité*, Grasset, 1931.
— Interview par Michel Déon, *Bulletin de Paris*, 9 avril 1954 (classé par la critique, avec Antoine Blondin, Jacques Laurent et Roger Nimier, parmi les écrivains hussards).
— Interview d'octobre 1970 par Thierry Garcin *in :* Marcel Schneider, *Morand*, 1971, p. 213-216.

III. LA CRITIQUE

1. *Bibliographie*

— PLACE, Georges, *Bibliographie des auteurs modernes de langue française* (1801-1974), éd. de la Chronique des lettres françaises, t. XXI, 1975, p. 79-212.

2. *Livres*

— DELVAILLE, Bernard, *Paul Morand*, éd. Pierre Seghers, coll. Poètes d'aujourd'hui, 1966, Éd. complétée, 1984. — Choix de textes, dont quatre inédits. Introduction.

— SARKANY, Stéphane, *Paul Morand et le cosmopolitisme littéraire* suivi de « Trois entretiens avec l'écrivain », préface de Marcel Jouhandeau, Klincksieck, 1968. — Demeure intéressant et utile.

— SCHNEIDER, Marcel, *Morand*, Gallimard, coll. Pour une bibliothèque idéale, 1971. — Outre l'étude de M. Schneider, ce livre comporte des documents rassemblés par G. Guitard-Auviste ; une anthologie de la critique. Livre d'initiation très utile, mais ancien.

— FOGEL, Jean-François, *Morand-Express*, Grasset, 1980. — Séduisant. Suppose des connaissances préliminaires.

— GUITARD-AUVISTE, Ginette, *Paul Morand*, Hachette, 1981. — Une biographie substantielle dont le sous-titre, « Légende et vérités », traduit l'intention.

— BURRUS, Manuel, *Paul Morand, voyageur du XXe siècle*, Librairie Séguier-Vagabondages, 1986.

— COLLOMB, Michel, *La Littérature art-déco : sur le style d'époque*, Méridiens-Klincksieck, 1987.

On trouvera des éléments dans *Demi-Jour* (Albin Michel, 1964, pp. 49-61) de Jacques Chardonne, et dans la *Correspondance* que ce dernier a échangée avec Roger Nimier, de 1950 à 1962 (Gallimard, 1984).

3. *Articles*

— Les comptes rendus consacrés à *New York* paraissent pour la plupart entre la fin du mois de janvier 1930 et la mi-mars. A signaler : Nino Frank (« *Rien que la terre*, Paul Morand et New York », *Les Nouvelles littéraires*, 8 février), Henri Martineau (*Le Divan*, mars), André Billy (*L'Œuvre*, 4 mars), Pierre Descaves (« Amérique et Américains, Confidences de M. Paul Morand », *Les Nouvelles littéraires*, 14 juin), Brice Parrain (*L'Humanité*, 2 septembre), Georges Charensol (« Retour d'Amérique, Paul Morand nous dit », *Les Nouvelles littéraires*, 5 décembre 1931).

— JEUNE, Simon, « La fascination de New York chez les écrivains français (1895-1975) », *Eidôlon*, Université de Bordeaux III, Talence, n° 27, février 1986, p. 71-89.

— CAMERO PEREZ, Carmen, « *Hécate et ses chiens* : une

nouvelle fantastique », *Littératures*, Toulouse, n° 13, automne 1985, p. 105-112.

— BIENVENU, Reine, « Autour et au-delà du récit de voyage : *Méditerranée, mer des surprises,* de Paul Morand » in : *Les Récits de voyage,* Préface de Jean Mesnard, Centre d'Étude C.E.R.H.I.S., Nizet, 1986, p. 162-180.

NOTICE BIOGRAPHIQUE

1852 : Pierre Morand, d'ascendance auvergnate, fonde à Saint-Pétersbourg l'entreprise Morand et Gonin, qui serait devenue Fonderie impériale des Bronzes.

1853 : Louise-Céline Boudinet et Pierre Morand donnent naissance à un enfant que le mariage légitimera quatre ans plus tard : Eugène Morand, le père de Paul Morand.

1861 : Naissance de la tante Anne Morand qui, selon l'écrivain, aurait pris le voile chez les Visitandines de Nevers.

1867 : Naissance à Paris de Marie-Louise Charrier, mère de Paul Morand. Par le côté maternel, il a l'occasion, enfant, de connaître le président Loubet. La famille Charrier est décrite comme réservée, peu expansive.

1873 : Retour d'Eugène Morand en France. Homme cultivé, amateur de littérature et d'art, peintre et auteur dramatique. Il traduira, avec Marcel Schwob, *Hamlet* pour Sarah Bernhardt, qui jouera aussi ses *Cathédrales*.

1887 : Mariage d'Eugène Morand et de Marie-Louise Charrier à Paris, dans la paroisse Saint-Paul du IVe arrondissement. Eugène Morand habite alors boulevard Pereire.

13 mars 1888 : Paul, Émile, Charles, Ferdinand Morand naît à Paris, au 37 de la rue Marbeuf.

1896-1900 : Études à Sainte-Marie de Monceau, à Paris.

1900 : Le choc de l'Exposition universelle ; édification du pont Alexandre III, du Grand et du Petit Palais aux Champs-Élysées. Morand publiera *1900* en 1931.

1900-1905 : Études au Lycée Carnot. L'atmosphère scolaire ne lui plaît pas, et il ne s'y distingue guère.

1902 : Installation au Dépôt des Marbres, 182, rue de l'Université, où son père est nommé conservateur.

1905 : Son échec à l'oral du baccalauréat de philosophie entraîne les leçons d'un précepteur qui deviendra son ami pour longtemps : Jean Giraudoux.

1905-1908 : Rue Saint-Guillaume, à l'École des Sciences politiques, il trouve un enseignement qui lui convient, tourné vers la géographie, l'histoire, le droit international : le monde. Diplômé dans la section diplomatique.

Août 1906 : *La Mort de l'amour*, nouvelle d'anticipation, écrite au lac de Côme. Il a dix-huit ans.

1908 : La passion amoureuse à vingt ans. Cahiers intimes. Voyage en Italie. — Installation des parents, 5, rue de l'École-de-Médecine ; Eugène Morand est nommé directeur de l'École nationale des Arts décoratifs.

1908-1909 : Service militaire à Caen, sans enthousiasme. — Carnets : « L'idée que le beau n'est qu'une forme du bien est une idée chère aux protestants ; c'est aussi très anglais. » Écrit *Les Extravagants*, roman qu'il détruit ensuite ; le titre réapparaît pour *Milady*, en 1936.

1911-1912 : Après un court séjour en Espagne, quatrième année aux Sciences politiques.

1912 : Major de promotion au petit concours des Affaires étrangères, il est nommé attaché au protocole.

1913 : Premier au grand concours des Ambassades. Il rencontre Alexis Léger, qui sera Saint-John Perse. Nommé attaché à Londres.

1914 : Mobilisé au 4e Zouaves, il regagne Londres après décision ministérielle, affecté aux services auxiliaires...

1916 : Il a rencontré Marcel Proust, lu dès 1914. Il connaît la princesse Hélène Soutzo qui deviendra sa femme en 1927, et dont le frère est soigné par un élève de Freud et Jung à Zurich, l'année suivante.

1916-1917 : Attaché au cabinet Briand à Paris. Amitié avec Philippe Berthelot, Jean Cocteau, avec le groupe des Six.

1917 : Publication de la nouvelle *Clarisse ou l'amitié nouvelle*, au *Mercure de France*. Morand la placera en tête de ses *Nouvelles du cœur*.
— En poste à Rome.

1918 : En poste à Madrid. Et retour à Paris.

1919 : *Lampes à arc*, recueil de poèmes. Publie dans la revue *Littérature* ; peu. — Perçoit la fin d'une civilisation et d'une société.

1920 : Sous la protection de Philippe Berthelot, à la section littéraire des Œuvres françaises à l'étranger avec Giraudoux. *Feuilles de température*, poèmes.

1921 : *Tendres Stocks*, préface de Marcel Proust, nouvelles. Voyages ; ils ne cesseront pas.

1922 : *Ouvert la nuit*.

1923 : *Fermé la nuit*. Naît l'image de l'homme superficiel et glacé. Le succès. — La passion de la voiture rapide (jusqu'à la fin de sa vie).

1924 : *Lewis et Irène. Poèmes 1914-1924*.

1925 : Voyages au Maroc et en Italie. *L'Europe galante*. Il fait le tour du monde, rencontre Claudel au Japon.

1926 : *Rien que la terre*. — Voyage. Mise en congé aux Affaires étrangères.

1927 : Mariage avec Hélène Soutzo. Infidélités et fidélité incessantes.

1928 : Installation au 3, avenue Charles-Floquet.
— *Magie noire ; Paris-Tombouctou ; U.S.A.-1927*, poèmes.

1929 : Deuxième voyage aux U.S.A. — *New York, Le Voyageur et l'amour, Hiver Caraïbe*. — Il s'essaie au théâtre.

1930 : *Champions du monde*, quatrième et dernier volet de *Chronique du XXe siècle*. — Mort d'Eugène Morand.

1931 : *Papiers d'identité, 1900*, livre du souvenir et pamphlet. — U.S.A. et Amérique du Sud.

1932 : *Flèche d'Orient*, roman. *Air indien*. Expérience du cinéma : depuis 1930, plusieurs scénarios. Déception. — Rencontre de l'actrice Josette Day.

1933 : *Rococo. Londres.*

1934 : *France la Doulce*, roman satirique, qui sera lié à sa réputation d'antisémitisme. — Au comité de direction du *Figaro*. — Dirige « Renaissance de la nouvelle », collection à la N.R.F.

1935 : *Bucarest.*

1936 : *La Route des Indes. Milady ;* Morand a pratiqué l'équitation jusqu'à quatre-vingts ans. — Il achète trois bâtisses aux Hayes, près de Rambouillet ; il vient parfois y séjourner. — Lettre de candidature à l'Académie française.

1938 : *Isabeau de Bavière*, théâtre. — Rentrée au Quai d'Orsay.

1939 : *Réflexes et réflexions.*

1939-1940 : Chef de la Mission française de guerre économique à Londres.

1er août 1940 : A Vichy, rentré sans ordres. Puis, entre Vichy et Paris.

1941 : *L'Homme pressé*, roman. *Chroniques de l'homme maigre.*

1942 : *Vie de Guy de Maupassant. Feu Monsieur le Duc.* — Il est pour un an président de la Commission de censure cinématographique. — L'attitude des Morand à Paris et la germanophilie d'Hélène Morand pèseront lourd à la Libération et continuent d'être retenues contre l'écrivain.

1943 : Ministre plénipotentiaire à Bucarest.

1944 : Ambassadeur à Berne, bientôt révoqué. *Excursions immobiles.* Morand « épuré », proscrit par le Comité national des écrivains. — Période matériellement et moralement difficile, en Suisse.

1945 : Exécution de Robert Brasillach en février et suicide de Pierre Drieu La Rochelle en mars.

1947 : *Montociel, Rajah aux Grandes Indes,* roman publié en Suisse. Retour à Paris pour la mort de sa mère. — Installation au Château de l'Aile, en Suisse, habitation qu'il n'abandonnera pas. *Le Dernier Jour de l'Inquisition,* nouvelle accompagnée de « Parfaite de Saligny ». — Séjours en Espagne, à partir de cette date.

1948 : *Journal d'un attaché d'ambassade.*

1951 : Installation à Tanger [1950 ?] — *Le Flagellant de Séville.* Morand commence à retrouver un public. Il sera soutenu par Jacques Chardonne et les « hussards », Roger Nimier, Jacques Laurent.

1952 : Voyage en Italie.

1953 : Janvier : « Escolastica », *La Revue de Paris.* Mars : voyage au Maroc (Fez, Marrakech). — En juillet, le décret de révocation de 1944 est annulé.

1954 : *Hécate et ses chiens* au printemps, *L'Eau sous les ponts* à l'automne.

1955 : Réintégration aux Affaires étrangères et mise à la retraite. — Réouverture du 3, avenue Charles-Floquet.

1956 : *La Folle amoureuse.* Ces années-là, les voyages ne cessent pas, ni la pratique du sport : auto, cheval, natation.

1957 : *Fin de siècle.* Édition regroupée, nouvelle, de *Ouvert la nuit* et *Fermé la nuit.*

1958 : Échec à l'Académie, le 22 mai. Une bataille perdue.

1959 : *Le Lion écarlate,* théâtre. Autre échec à l'Académie, après intervention de Charles de Gaulle.

1960 : *Bains de mer bains de rêve.*

1961 : *Fouquet ou le soleil offusqué.* Cure de rajeunissement en Suisse.

1962 : Mort de Roger Nimier. *Le Nouveau Londres.*

1963 : *La Dame blanche des Habsbourgs.* Des critiques ont montré les faiblesses de cette œuvre sur le plan de l'information historique.

1964 : *Le Voyage.* Entretiens avec Stéphane Sarkany qui les reproduira dans sa thèse de 1968.

1965 : Au printemps, *Tais-toi* et le premier tome de ses nouvelles choisies, *Nouvelles du cœur*; à l'automne, le second, *Nouvelles des yeux.*

1966 : « Morand ou le mélancolique survolté » dans *Tout feu tout flamme* de Jean-Louis Bory.

1967 : La santé d'Hélène Morand, presque nonagénaire, se détériore. — Morand recueille articles et préfaces dans *Monplaisir... en littérature,* dont l'essentiel a été composé depuis 1944.

1968 : A quatre-vingts ans, Morand abandonne l'équitation. En octobre, il est élu à l'Académie française — *Ci-gît Sophie-Dorothée de Celle,* qui déçoit. Mort de Jacques Chardonne.

1969 : *Monplaisir... en histoire.* Annoncé en 1967, et en 1971, *Monplaisir... en géographie* ne verra pas le jour. Réception à l'Académie le 20 mars. Avant-propos à un choix de lettres de Chardonne qui paraît chez Grasset : *Ce que je voulais vous dire aujourd'hui.*

1971 : *Venises,* accueilli très favorablement par la critique. — Paul Morand est appelé à prononcer, à l'Académie, l'éloge de la vertu : *Un lésineur bienfaisant (M. de Montyon)*, Gallimard.

1974 : *Les Écarts amoureux*, trois nouvelles autour de la monstruosité.

1975 : Il est profondément atteint par la mort d'Hélène, sa femme. Pourtant, il écrit encore.

1976 : *L'Allure de Chanel*. — Été caniculaire. Paul Morand meurt le 23 juillet. Ses cendres rejoignent celles d'Hélène au cimetière orthodoxe grec de Trieste.

1977 : *Monsieur Dumoulin à l'Isle de la Grenade.*

1980 : Attribution à J.M.G. Le Clézio du premier Prix Paul-Morand, décerné par l'Académie française, responsable de la Fondation Morand issue, par testament, de la fortune de l'écrivain.

1982 : Le Prix, qui doit être attribué tous les deux ans, va à Henri Pollès. A partir de l'adaptation de Pascal Jardin, qui a bien connu Morand, le cinéaste Daniel Schmid présente *Hécate, maîtresse de la nuit*, en fin d'année.

1986 : *Les Extravagants, Scènes de la vie de bohème cosmopolite*, roman, inédit de jeunesse.

TABLE

GF Flammarion

05/10/117188-X-2005 – Impr. MAURY Eurolivres, 45300 Manchecourt.
N° d'édition FG049806. – Avril 1988. – Printed in France.